THE CALL OF THE WILD
JACK LONDON

황야의 부름

Wordsmith	: Lloyd S Wagner
Author	: Jack London
Penciller	: Sachin Nagar
Illustrations Editor	: Jayshree Das
Colourist	: Pradeep Sherawat
Letterers	: Laxmi Chand Gupta Bhavnath Chaudhary
Editors	: Suparna Deb Divya Dubey Aditi Ray
Editor (Informative Content)	: Jayshree Das

Cover Artists:

Illustrator	: Sachin Nagar
Colourist/Designer	: Jaya Krishnan K P

Copyright © 2010 Kalyani Navyug Media Pvt Ltd

All rights reserved. Published by Campfire, an imprint of Kalyani Navyug Media Pvt Ltd.
Korean Translation Copyright © 2012 by Hyejiwon Publishing

No part of this publication may be reproduced, stored in a retrieval system, or transmitted in any form or by any means, electronic, mechanical, photocopying, recording, or otherwise, without written permission from the publisher.

About the Author

Jack London, whose real name was John Griffith Chaney, was born on 12th January 1876 in San Francisco, USA.

A resounding theme in his literary work was one of a struggle to survive. London's upbringing and his experiences in later life would serve as the grounding for his unique naturalistic style of writing.

Deserted by his father, London was raised by his spiritualist mother who was known for her eccentricity. By the age of 14, London was developing a taste for adventure, and he left school to work for a government fish patrol. He would later join the navy, and would explore most of America by travelling as a hobo on freight trains.

In 1897, Jack London travelled to the Klondike hoping to strike it rich in America's last gold rush. While he did not find gold in the harsh arctic wilderness, London did discover a wealth of material he would later fashion into two of his best known novels, *The Call of the Wild* and *White Fang*.

Published in 1903, *The Call of the Wild* benefited from the rise of the modern press and publishing industry, becoming immensely popular and launching London's career. Over the following years, London wrote prolifically, drawing again on his Klondike adventure for *White Fang* and his experiences at sea as a young man for *The Sea Wolf*.

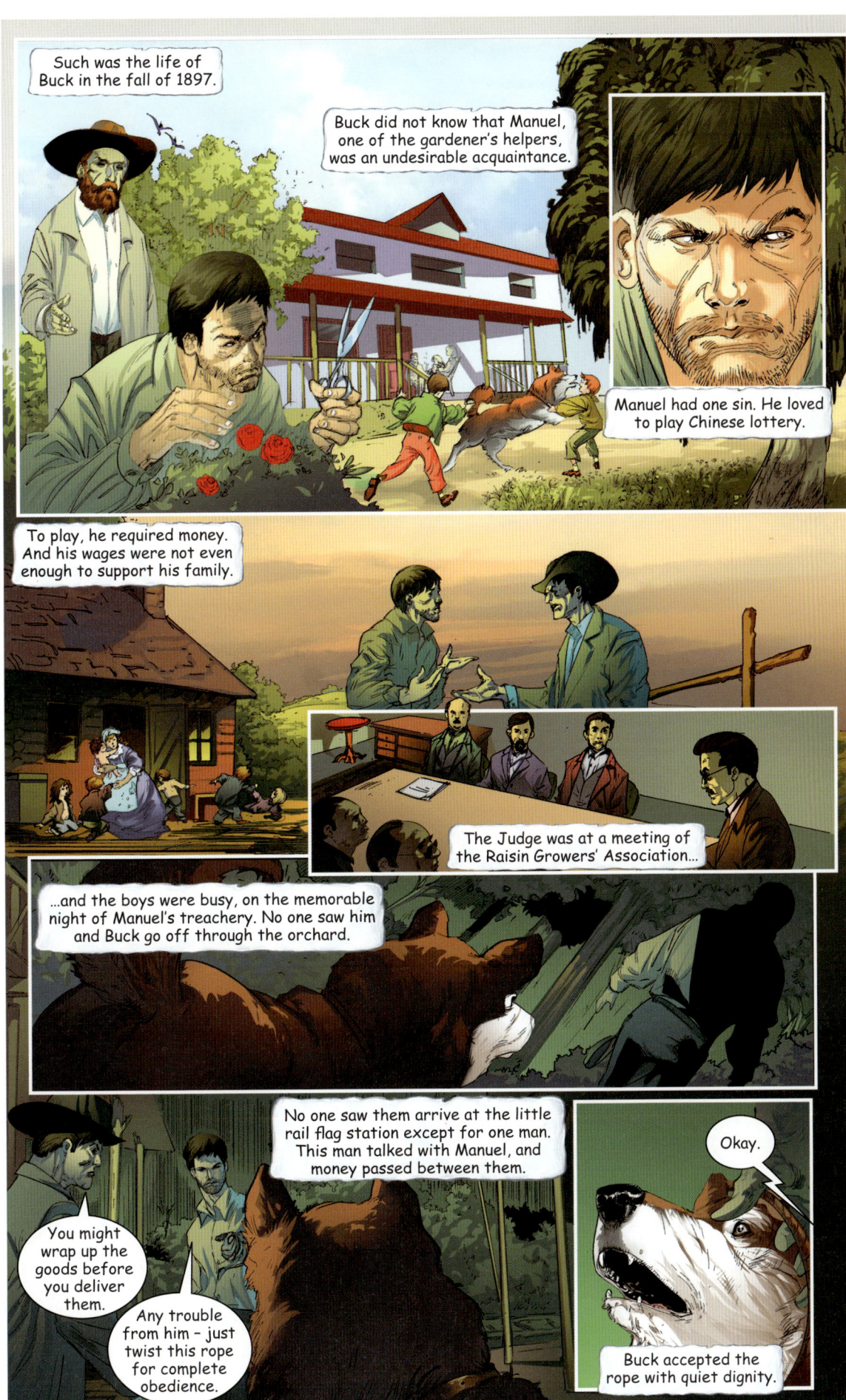

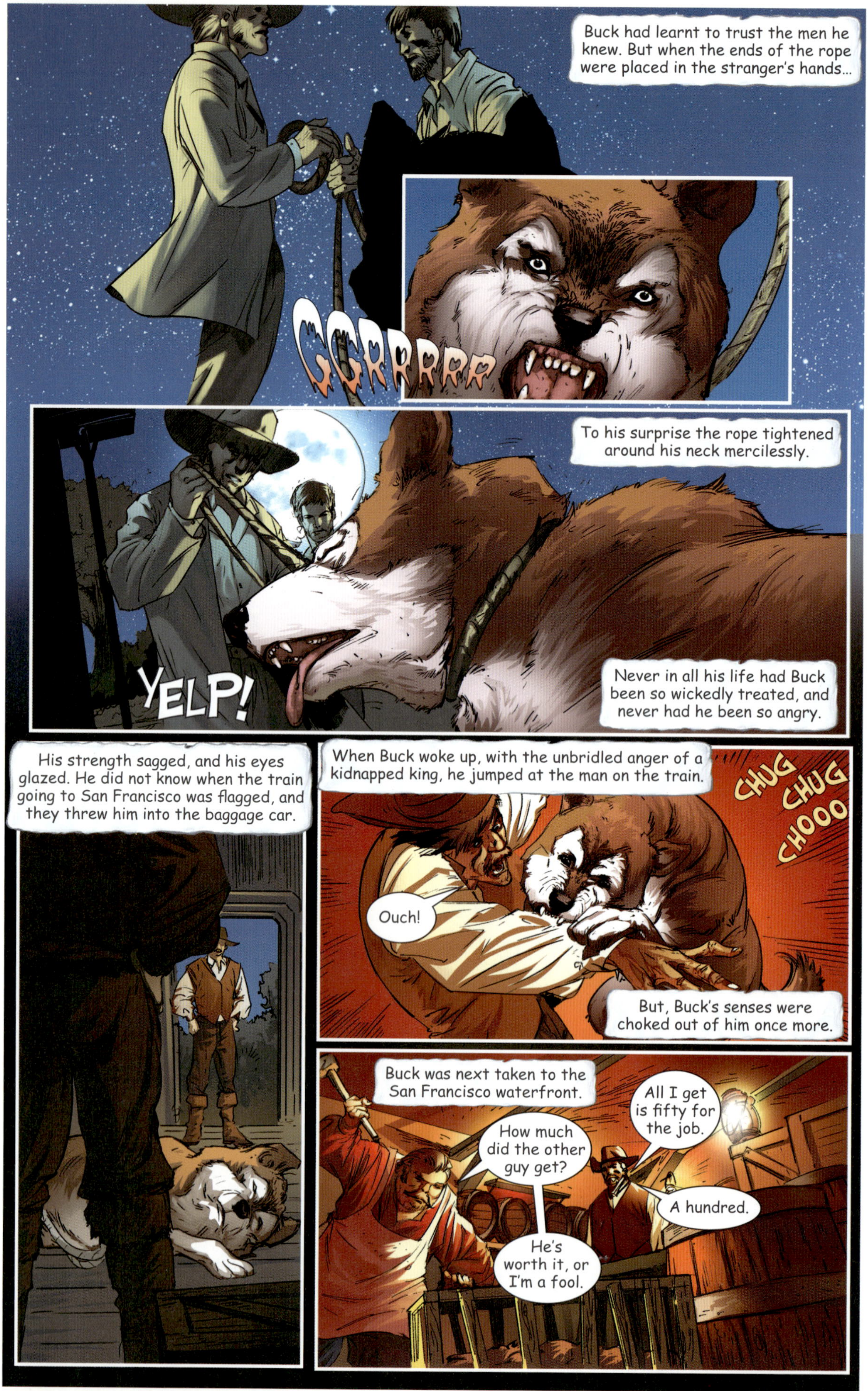

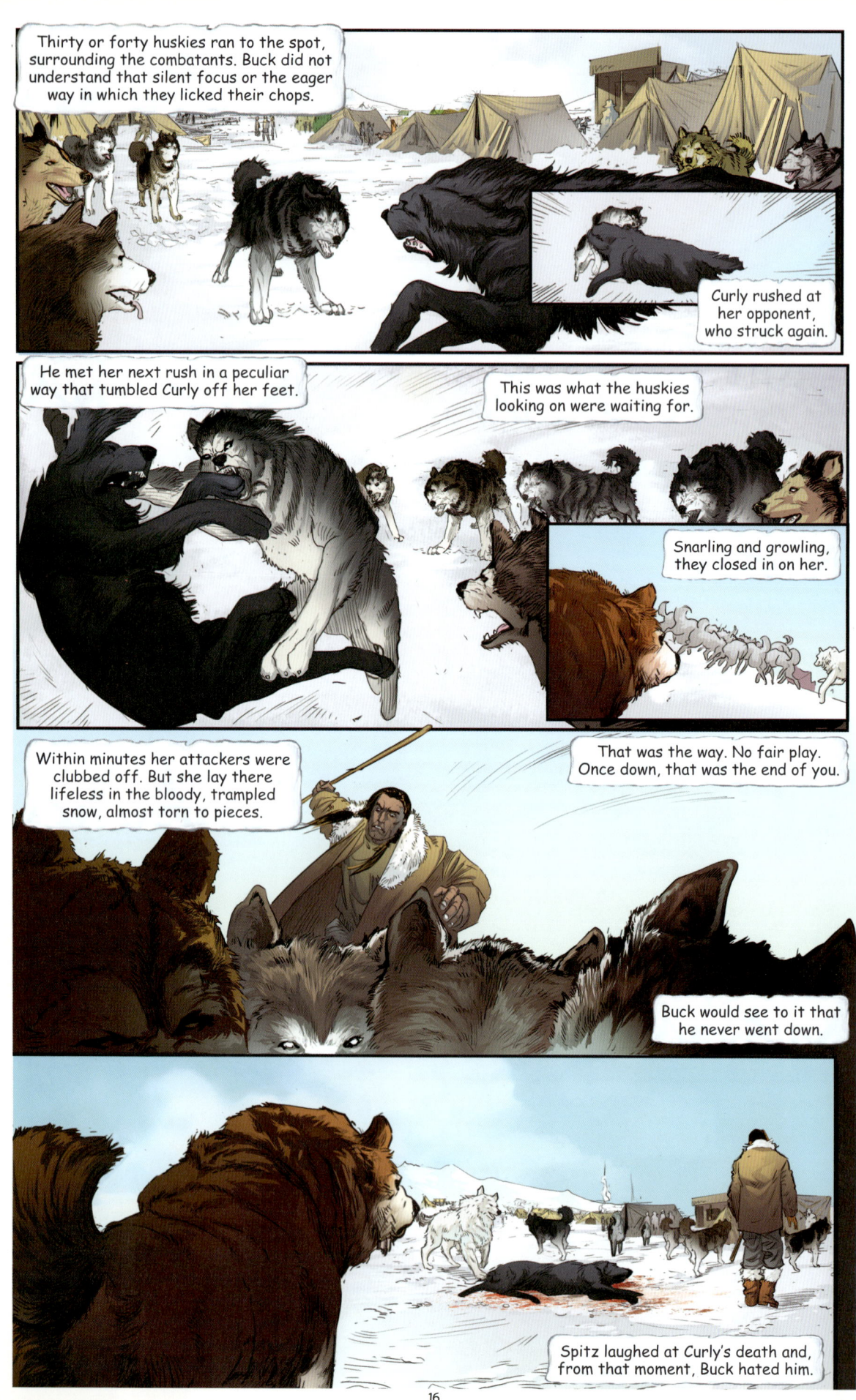

He quickly recovered from the shock of Spitz's attack...

...and then joined the team dogs in their flight to the forest.

Though they were not followed, they were in a sorry state. There was not one who was not wounded in four or five places, while some were wounded fatally.

At daybreak, they limped back to the camp. The intruders had left and the men were in a bad temper.

Half their food was gone.

The wild dogs had chewed through the sledge lashings and canvas coverings.

In fact, nothing, no matter how remotely edible, had escaped them.

GOLD RUSH

The California Gold Rush was the most significant event of the mid-19th century. People from America, Europe, Asia, and South America rushed here in search of instant wealth. The chance discovery of gold in the riverbed forever changed the simple life into the entrepreneurial, free life that California is today. Some hit it well and made a fortune, some lost everything, including life!

HOW WAS THE GOLD DISCOVERED?

John Sutter, a Swiss immigrant, came to California in 1839 with the dream of setting up an agricultural empire. In late 1847, James Marshall who worked in Sutter's saw mill found some shiny metal on the tailrace. Marshall showed the samples to Sutter, and together they tested the shiny metal and found it to be gold. Sutter kept the discovery a secret. But, alas, if only he could keep it a secret.

HOW DID WORD ABOUT THE GOLD GET AROUND?

A man named Sam Brannan ran through the streets of San Francisco with a bottle of gold dust, shouting about Marshall's discovery. This triggered the start of the gold rush. Seeing the rush, Sam Brannan purchased every pickaxe, pan, and shovel in the region and supplied these tools at a high price to the miners. And guess what! In just nine weeks he made thirty-six thousand dollars. He was the richest man during the gold rush, one who did not even mine for gold!

Others who made it big during this time were John Studbaker, the pioneer in automobiles, and Henry Wells and William Fargo, the brains behind banking, to name a few.

By early 1849, gold fever had become an epidemic. Can you guess what tempted people to rush to California? The fact that gold was free to anyone who could find it. A miner could take 25 to 35 dollars worth of gold a day, or even more out of the riverbed, though actually only the very fortunate people made it really big!

DID YOU KNOW?

The Levis jeans that you wear almost every day were invented during the gold rush era. The founder, Levi Strauss designed pants made of canvas for its toughness after he heard complaints by the miners about cotton pants getting torn easily.

KLONDIKE GOLD RUSH

Klondike, in the Yukon Territory in Canada, was seen as a place where anyone could make his fortune. It drew 100,000 people, all searching for gold. The trail was dangerous, but those who survived it were disappointed. The gold-bearing creeks had already been claimed by the locals before the prospectors had arrived. The much advertised claims of 'gold for the taking' were overstated. Thus, the Klondike gold rush ended as quickly as it had begun. Klondike was immortalised by some of the best writers of the era like Jack London in *The Call of the Wild*, Robert Service in *The Shooting of Dan McGrew,* and Tappan Adney in *The Klondike Stampede*. Charlie Chaplin's film *The Gold Rush* was also set in Klondike.

Would you spend $100 for a glass of water? Unthinkable, isn't it? But the people on their way to California did. A few clever businessmen brought barrels of water to the trail and sold it for as high as $100 a glass to the travellers.

DID YOU KNOW?
Mark Twain came to California in the gold rush era as a complete unknown and took a job writing for the newspaper *San Francisco Call*. He was known as Samuel Clemens back then.

The preferred route to the gold fields was over the land and not the sea. Covered wagons were used to carry various items for survival and self-protection.

혜지원

Hyejiwon English-Korean Graphic Novels Series

혜지원 영한 대역 그래픽 노블 시리즈는
여러분께 영어 학습 효과는 물론 재미와 감동까지 선사합니다.

그래픽 노블 시리즈
지킬 박사와 하이드 정가 : 12,000원
영문판 + 한글판 1+1

그래픽 노블 시리즈
베니스의 상인 정가 : 12,000원
영문판 + 한글판 1+1

그래픽 노블 시리즈
타임머신 정가 : 12,000원
영문판 + 한글판 1+1

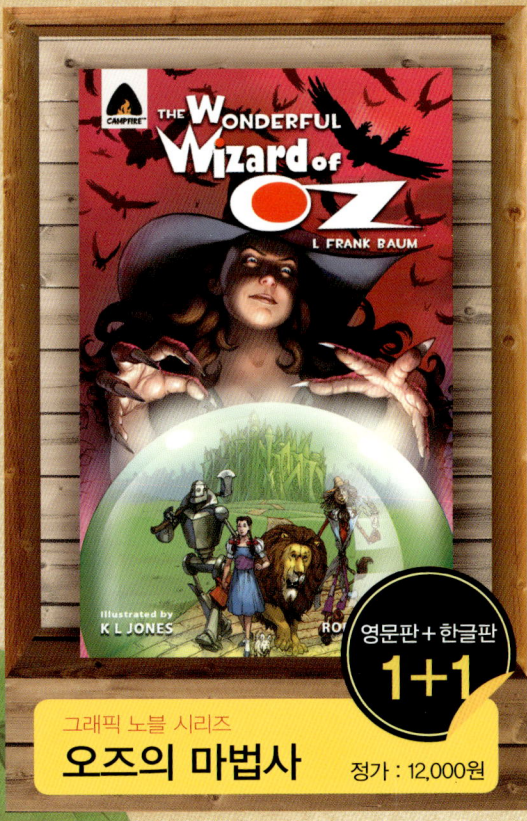

그래픽 노블 시리즈
오즈의 마법사 정가 : 12,000원
영문판 + 한글판 1+1

혜지원 Graphic Novel Series

그래픽 노블 시리즈
황야의 부름 정가 : 12,000원
영문판 + 한글판 1+1

그래픽 노블 시리즈
해저 2만리 정가 : 12,000원
영문판 + 한글판 1+1

그래픽 노블 시리즈
왕자와 거지 정가 : 12,000원
영문판 + 한글판 1+1

그래픽 노블 시리즈
크리스마스 캐럴 정가 : 12,000원
영문판 + 한글판 1+1

혜지원 영한 대역 그래픽 노블 시리즈   No.4

영문판+한글판
1+1

황야의 부름

잭 런던 원저
로이드 에스 바그너 각색

혜지원 CAMPFIRE

황야의 부름

잭 런던 원저

초판 인쇄일 | 2012년 2월 24일
초판 발행일 | 2012년 3월 5일
지은이 | Jack London
번역자 | 김대웅
발행인 | 박정모
발행처 | 도서출판 혜지원
주소 | 서울시 동대문구 장안1동 420-3호
전화 | 02)2212-1227
팩스 | 02)2247-1227
홈페이지 | http://www.hyejiwon.co.kr

편집진행 | 김형진, 이희경
전산편집 | 이희경
표지디자인 | 안홍준
영업마케팅 | 김남권, 황대일, 서지영
ISBN | 978-89-8379-714-8
　　　　978-89-8379-710-0 (세트)
정가 | 12,000원

Copyright © 2010 Kalyani Navyug Media Pvt Ltd
Published by Campfire, an imprint of Kalyani Navyug Media Pvt Ltd.
Korean Translation Copyright © 2012 by Hyejiwon Publishing
All rights reserved.
Including the rights of reproduction in whole or in part in any form.

이 책은 한국판 저작권을 Campfire와 혜지원이 독점 계약하여 펴내는 책으로
저작권법에 의해 보호를 받는 저작물이므로 어떠한 형태의 무단 전재나 복제를 금합니다.

● 잘못 만들어진 책은 구입한 서점에서 교환해 드립니다.

작가에 대하여

1876년 1월 12일 미국, 샌프란시스코에서 태어난 잭 런던의 본명은 존 그리피스 체이니입니다. 그의 문학 작품에 나타난 전반적인 주제는 생존을 위한 노력과 투쟁입니다. 런던이 자라난 환경과 이후 삶의 경험들은 자신의 독특한 글쓰기 형식의 밑바탕이 되었습니다.

아버지에게 버림받은 런던은 기이한 행동으로 유명했던 심령논자였던 어머니 밑에서 자랐습니다. 모험을 즐기던 런던은 14살에 학교를 그만두고 정부의 낚시 순찰대원으로 일했습니다. 이후 해군에 입대했고, 제대한 뒤에는 화물 열차의 떠돌이 일꾼으로 여행하며 미국 전역을 탐험하기도 했지요.

1897년 잭 런던은 미국의 마지막 골드러시(금광 열풍)에서 벼락부자를 꿈꾸고 클론다이크로 갔습니다. 혹독한 북극의 야생에서 황금을 발견하지는 못했지만, 런던은 이후 가장 유명한 자신의 두 소설, 『황야의 부름』과 『늑대개』를 탄생시킬 풍부한 소재들을 찾아냈습니다.

1903년에 출판된 『황야의 부름』은 당시 현대적 신문과 잡지가 선보이고, 출판 산업이 붐을 일으킨 덕분에 엄청난 인기를 얻었으며, 런던에게 작가로서의 첫발을 내딛게 했습니다. 그 후 런던은 클론다이크에서의 모험을 다시 한 번 그린 『늑대개』와 젊은 시절 바다에서 겪은 경험을 담은 『바다 늑대』 등 많은 작품들을 썼습니다.

벅은 그가 아는 사람들을 믿도록 배웠다. 하지만 낯선 사람의 손이 밧줄 끝을 잡자...

놀랍게도 밧줄은 무자비하게 벅의 목 주위를 조여 왔다.

벅은 평생 동안 이렇게 끔찍한 대접을 받아 본 적이 없었고, 이렇게 화가 난 적도 없었다.

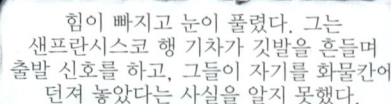

힘이 빠지고 눈이 풀렸다. 그는 샌프란시스코 행 기차가 깃발을 흔들며 출발 신호를 하고, 그들이 자기를 화물칸에 던져 놓았다는 사실을 알지 못했다.

벅은 깨어나자, 납치된 왕으로서 참을 수 없이 분노하며 기차의 남자에게 뛰어들었다.

아악!

하지만 남자가 또 한 번 벅의 감각을 억눌렀다.

얼마 후 벅은 샌프란시스코 해안으로 끌려갔다.

이 일로 50달러를 받은 게 다요.

다른 남자는 얼마나 받았소?

100달러.

그만한 가치가 있어, 아니면 내가 바보거나.

테슬린 강에 도착했을 땐, 모두들 진이 다 빠졌다. 하지만 페로는 그들을 더욱 세차게 몰아붙였다.

첫째 날 그들은 56Km를 이동했고, 둘째 날 또 56Km, 그리고 셋째 날은 64Km를 이동했다.

벅의 발은 에스키모 개의 발만큼 단단하지 않았다. 그는 온종일 고통스럽게 절뚝거렸다.

배가 고팠지만 그는 밥을 먹으러 갈 수 없어 프랑수아가 가져다주었다.

야영지에 이르면 그는 죽은 듯이 드러누웠다.

또한, 개 끄는 사람은 자기 모카신 끝을 잘라내 벅에게 모카신 네 개를 만들어 주었다. 이것은 고통을 크게 줄여주었다.

어느 날 아침, 프랑수아가 모카신을 깜빡 잊자 벅은 그것 없이는 꼼짝도 하지 않겠다며 땅에 등을 대고 드러누워 애원하듯 허공에 네 발을 흔들었다.

이후 벅의 발바닥은 여행길에 맞게 단단해졌고, 낡아빠진 신발은 버려졌다.

그것은 그들 사이의 전쟁이었다. 팀의 대장으로서 스피츠는 자신의 패권이 위협받고 있음을 느꼈다.

스피츠가 알고 있던 남쪽의 수많은 개들 중 여행길에서 가치를 보여준 개는 한 마리도 없었다.

벅은 달랐다. 그만은 힘, 야만성, 교활함에서 에스키모 개들과 맞먹었다.

대장 자리를 놓고 벌이는 충돌은 불가피했다. 벅은 그것을 원했다.

그는 본능적으로 대장 자리를 원했다.

어느 날 아침 파이크가 아픈 척하며 보이지 않자 스피츠는 화가 나 난폭해졌다.

파이크를 발견한 스피츠는 벌을 주기 위해 그에게 덤벼들었다.

똑같이 화가 난 벅이 그 사이에 뛰어들었다.

크르르르!

스피츠가 뒤로 넘어지자, 파이크는 넘어진 대장에게 덤벼들었다.

언제나 공정한 프랑수아는 벅에게 채찍을 휘둘렀다.

벅, 당장 스피츠에게서 떨어져!

벅이 뒤로 떨어져나가자, 스피츠가 일어나 파이크를 혼내주었다.

어느 날 밤, 그는 자다 말고 벌떡 일어났다. 눈은 열망으로 가득 찼고, 콧구멍은 벌렁거리며 킁킁 냄새를 맡았고, 갈기는 곤두섰다.
아우우우우
숲에서 전에 들은 것들과는 확실히 구분되는 부름이 들려왔다. 그리고 그는 그것을 알고 있었다. 전에 이런 소리를 들은 적이 있었기 때문이다.
나무 사이의 탁 트인 곳에서 그는 기다랗고 마른 얼룩 늑대 한 마리를 보았다.
벅은 아무 소리도 내지 않았다. 하지만 얼룩 늑대는 울음을 멈췄다. 벅의 존재가 드러났다.
늑대는 벅을 보고 달아났다.
벅은 그를 따라잡기 위해 기를 쓰고 쫓아갔다.
으르릉!
벅은 공격하지 않고, 다정하게 접근하며 그 주위를 빙글빙글 맴돌았다. 늑대는 기회를 엿봤고, 또다시 추격이 시작되었다.
그가 몇 번이고 관심을 보였지만 똑같은 일이 되풀이되었다.
마침내 늑대가 그에게 코를 대고 킁킁거렸다. 잠시 후 늑대는 벅이 함께 하려는 것을 허락하고 같이 걷기 시작했다.
벅은 자신이 **부름**에 답하고 있다는 것을 알았다. 그는 희미하게 기억나는 다른 세상의 어딘가에서 전에 이 일을 경험한 적이 있었다.

대장들은 숲으로 뛰어 들어갔다. 늑대들이 그 뒤를 따르며 입을 모아 울부짖었다.

그리고 벅은 야생의 형제 옆에서 울부짖으며 그들과 함께 뛰었다.

아영시로 돌아오지 못한 사냥꾼들도 있고, 잔인하게 목이 찢긴 채 죽어 종족들에게 발견된 사람들도 있다.

아마 벅의 이야기는 여기서 끝날 것이다.

이해츠족은 늑대 떼의 맨 앞에서 달리는 유령 개에 대해 이야기한다. 그들은 이 유령 개를 무서워한다.

그리고 악마의 영혼이 어째서 그 계곡을 집으로 선택하게 되었는지 그들이 말해주었을 때 슬퍼했던 여인도 있다.

여름이면 손턴이 야영하던 계곡에 손님이 하나 찾아오는데 이해츠족은 이를 알지 못한다.

다른 늑대들과 다른 빛나는 털로 뒤덮인 위대한 늑대.

혜지원 영한 대역 그래픽 노블 시리즈를 펴내며…

혜지원의 영한 대역 그래픽 노블 시리즈는 오랜 기간 전 세계인들에게 사랑 받아 온 고전과 위인들에 관한 이야기를 만화로 엮었습니다. 긴 시간 많은 사람들에게 읽히고 그 가치를 인정 받아 온 고전에는 재미와 빛나는 철학이 담겨 있습니다. 또한 우리는 전기를 통해 저명한 인물의 삶과 시대를 탐험해 볼 수 있습니다.

이러한 고전과 위인전을 영어와 한글 두 가지 버전으로 모두 담아 그 내용을 더욱 깊이 이해하는 한편, 영어 실력 향상도 기대할 수 있도록 했습니다. 각각의 버전을 비교해서 읽으며 영어와 한글의 차이를 느껴 보는 것도 신선한 경험이 될 것이며, 재미있게 영어를 공부하는 기회도 될 것입니다.

상상력을 자극하는 이야기들을 섬세한 그림체로 구현해낸 혜지원의 그래픽 노블 시리즈를 통해 이야기에 더욱 몰입할 수 있습니다. 어렵고 긴 내용을 읽기 편한 길이와 만화로 담아 가독성을 높였으며, 원문을 최대한 살리되 이야기를 효과적으로 전달하기 위해 노력했습니다.

혜지원의 영한 대역 그래픽 노블 시리즈를 통해 이야기가 주는 매력에 푹 빠져 보세요. 상상력의 지평이 더욱 넓어지는 놀라운 경험을 하게 될 것입니다.

골드 러시

캘리포니아의 골드러시는 19세기 중반 가장 크고 중요한 사건이었습니다. 미국, 유럽, 아시아 그리고 남미의 사람들이 벼락부자를 꿈꾸며 서둘러 이곳으로 몰려들었지요. 강바닥에서 금을 찾을 기회는 검소한 생활을 오늘 날 캘리포니아의 기억가적이고 자유로운 생활로 영원히 바꿔놓았습니다. 기회를 잘 잡아 부자가 된 사람도 있었지만, 모든 것을 잃은 사람도 있었지요, 목숨까지요!

황금은 어떻게 발견되었을까요?

스위스 이민자인 조 서터는 1839년 거대한 농업 왕국을 세울 꿈을 꾸며 캘리포니아에 왔습니다. 1847년 말, 서터의 제재소에서 일하던 제임스 마샬은 수로에서 무언가 반짝이는 금속을 발견했습니다. 마샬은 그 표본을 서터에게 보여주었고 함께 반짝이는 금속을 검사한 그들은 그 작은 금속이 금이라는 것을 알게 되었습니다. 서터는 이 발견을 비밀로 했습니다. 하지만, 아! 그가 이 비밀을 지키기만 했더라면.

황금에 대한 이야기가 어떻게 세상에 퍼졌을까요?

샘 브래넌이라는 사람이 마샬의 발견을 외치며 사금 한 병을 들고 샌 프란시스코 거리를 내달렸습니다. 결국 이것이 골드러시의 시작이었지요. 사람들이 황금히 몰려드는 것을 보면서, 샘 브래넌은 그 지역의 모든 곡괭이, 사금을 채취하는 냄비와 삽들을 사들였고, 광산으로 가는 사람들에게 이 장비들을 비싼 값에 팔았습니다. 자 들어봐요! 단 9주 만에 그는 3만 6천 달러를 벌어들였습니다. 그는 황금을 얻으려 광산에 가지 않고도 골드러시 동안 가장 큰 부자가 되었죠.

이 시기에 크게 성공한 또 다른 사람들의 예를 몇 가지 더 들자면, 자동차 산업의 선구자였던 조 스터드베이커, 우행 업무를 구상한 헨리 웰스와 윌리엄 파고 등이 있습니다.

1849년 초, 황금에 대한 열기는 국속도로 확산되었습니다. 캘리포니아로 서두르도록 사람들을 유혹한 것이 무엇인지 짐작할 수 있나요? 사실 '황금'을 찾아내기만 하면 누구나 가질 수 있었습니다. 황금을 파내는 사람들은 하루에 2냥 내지 3냥 달러어치, 또는 강바닥에서 그보다 더 많은 황금을 얻을 수도 있었지만, 실제로는 매우 운이 좋았던 사람들만이 성공할 수 있었습니다!

이거 알아요?

사람들이 거의 매일 입는 리바이스 청바지는 골드러시 시대에 발명되었습니다. 설립자인 리바이 스트라우스는 면바지가 쉽게 찢어진다는 광부들의 불평을 듣고 질긴 캔버스 천으로 만든 바지를 내놓은 것이죠.

클론다이크 골드러시

캐나다 유콘 지역에 있는 클론다이크는 누구라도 성공할 수 있는 곳처럼 보였습니다. 10만 명이 황금을 찾아 그곳으로 몰려들었지요. 위험한 길이었지만, 살아남은 사람들은 실망스러웠습니다. 금을 캐러 간 사람들이 도착하기도 전에 그 지역 주민들은 금이 들어 있는 개울이 자기들 것이라 주장했습니다. 광고에 나온 '황금은 찾은 사람이 임자'라는 말은 과장된 것이었습니다. 따라서 클론다이크 골드러시는 시작만큼이나 빨리 끝났죠. 클론다이크는 당대 최고의 작가들이 작품을 쓰면서 영원히 살아남았습니다. 잭 런던의 「황야의 부름」, 로버트 서비스의 「댄 맥그루의 사냥」, 페땅 에드니의 「클론다이크의 쇄도」 등을 통해서죠. 찰리 채플린의 영화 「황금광 시대」 역시 클론다이크에서 촬영되었습니다.

100달러를 주고 물 한 잔을 사겠어요? 말도 안 되죠? 하지만 캘리포니아로 간 사람들은 그랬습니다. 몇몇 영리한 상인들은 물통을 들고 길을 따라가 여행객들에게 한 잔에 100달러라는 비싼 값에 팔았습니다.

이거 알아요?
무명의 마크 트웨인은 골드러시 시대에 캘리포니아에 건너가 「샌프란시스코 콜」의 기자로 일했습니다. 당시 그는 새뮤얼 클레멘스라는 예명으로 알려졌었지요.

사람들은 금광지대에 가는 길로 바다가 아닌 육로를 좋아했습니다. 포장마차는 생존과 자기 방어를 위한 여러 가지 물건들을 운반하는 데 사용되었지요.

Hyejiwon English-Korean Graphic Novels Series

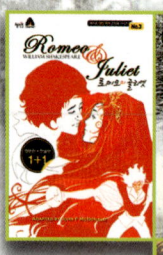  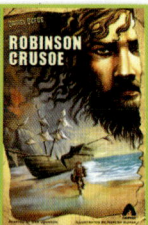
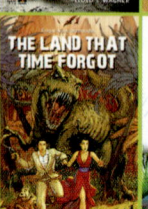   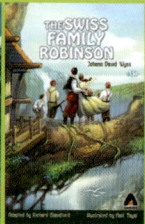 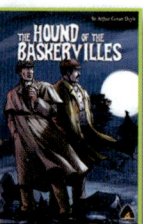
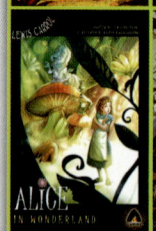 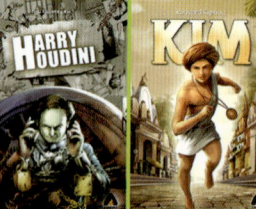 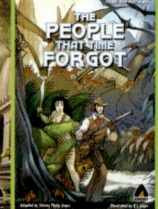 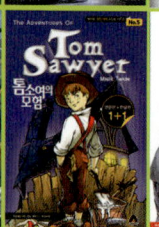 
     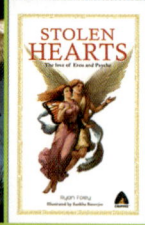 
 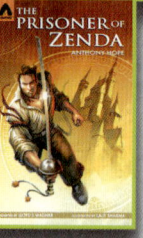  

혜지원 영한 대역 그래픽 노블 시리즈는
여러분께 영어 학습 효과는 물론 재미와 감동까지 선사합니다.

황야의 부름

벅은 넓은 장원에서 귀여움을 받으며 자유롭게 사는 4살짜리 양치기 개다.
그의 삶은 클론다이크 골드러시 때 한 사내에게 납치되어 팔려가면서 뒤바뀐다.
그는 그곳의 깊게 쌓인 눈밭 위에서 무거운 썰매를 끌게 된다.
새로운 환경에서, 그는 곧 자신의 강력한 원초적 본능을 발견한다.
그곳에서 살아남는 방법뿐만 아니라 더 발전하는 방법까지 배우게 된다.

잭 런던의 『황야의 부름』은 세대를 거쳐 표준이 된 문체로
모험소설을 고전문학의 수준까지 끌어올린 걸작이다.
흥미진진하고 재미있는 벅의 이야기는 모든 연령층에게
오랫동안 잊히지 않는 소설이 되었다.

정가 : 12,000원

9788983797148
ISBN 978-89-8379-714-8
(세트)ISBN 978-89-8379-710-0

그래픽 노블 시리즈
로미오와 줄리엣   정가 : 12,000원

그래픽 노블 시리즈
모비딕   정가 : 12,000원

그래픽 노블 시리즈
보물섬   정가 : 12,000원

그래픽 노블 시리즈
톰소여의 모험   정가 : 12,000원

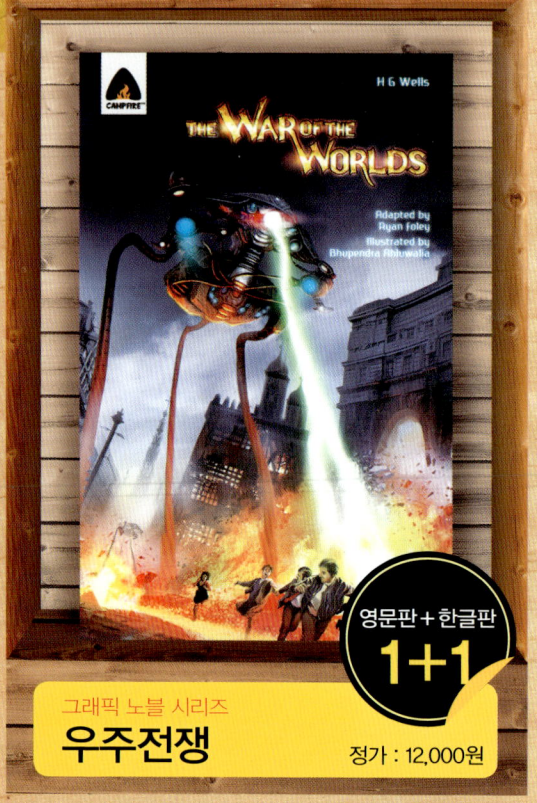

그래픽 노블 시리즈
우주전쟁 정가 : 12,000원
영문판 + 한글판 1+1

그래픽 노블 시리즈
걸리버 여행기 정가 : 12,000원
영문판 + 한글판 1+1

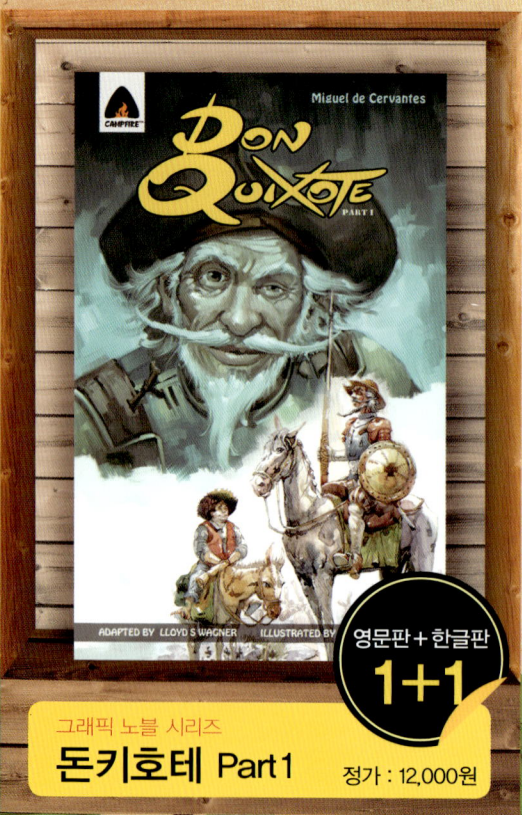

그래픽 노블 시리즈
돈키호테 Part 1 정가 : 12,000원
영문판 + 한글판 1+1

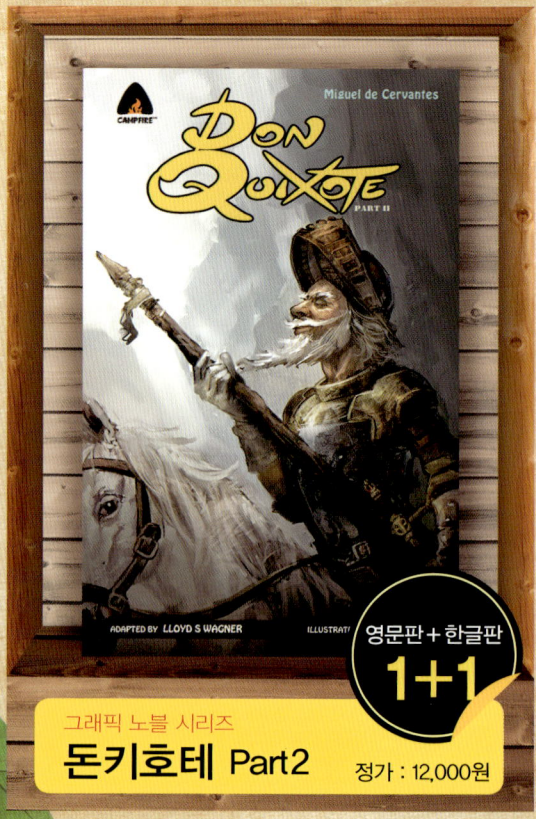

그래픽 노블 시리즈
돈키호테 Part 2 정가 : 12,000원
영문판 + 한글판 1+1

어린이를 위한
플라톤의 소크라테스 변론

L'uomo Piu Saggio Del Mondo

©2008, La Nuova Frontiera.
This provision is an integral part of this agreement and the permission to translate, granted by the Proprietor is conditioned upon the printing of the correct copyright notice.
©Copyright of this edition : Giant Publishing
KOREAN translation rights arranged with
La Nuova Frontiera and EntersKorea Co., Ltd., Seoul, Korea.

이 책의 한국어판 저작권은 (주)엔터스코리아(EntersKorea Co. Ltd)를 통한 저작권사와의 독점 계약으로 도서출판 거인이 소유합니다.
신 저작권법에 의하여 한국 내에서 보호를 받는 저작물이므로 무단전재와 무단복제를 금합니다.

1판 1쇄 인쇄   2014년 9월 20일
1판 1쇄 발행   2014년 9월 25일

지은이   에밀리아노 디 마르코
그린이   박윤선
옮긴이   김경숙
펴낸곳   도서출판 거인
발행인   박형준
디자인   박윤선
마케팅   이희경 김경진 서하나
등록번호 제 10-2363호
주 소   서울시 마포구 상수동 와우산로48 로하스타워 803호
전 화   02-715-6857, 6859 | 02-715-6858(팩스)

어린이를 위한
플라톤의 소크라테스 변론

지은이 에밀리아노 디 마르코
그린이 박윤선

거인

머리말

　<어린이를 위한 플라톤의 소크라테스 변론>은 소크라테스의 제자 플라톤이 스승의 위대한 사상을 널리 알리기 위해 쓴 책입니다. 소크라테스가 아테네의 시민법정에서 사형을 구형받고 재판이 진행되는 동안 했었던 이야기를 기록한 글이랍니다.

　당시 소크라테스는 어리석은 시민들에 의해 재판을 받게 되고 그들이 말한 죄목에 대해 소크라테스가 스스로 변론을 합니다. 헛점이 없다고 생각될 만큼 완벽한 변론을 하게 되지요.

　– 참된 지혜란 무엇인가?

　소크라테스는 변론 속에서 스스로를 현명한 자 라고 칭합니다. 하지만 현명함이란 모든 것을 아는 것이 아니라 지식과 지혜를 모른다는 것을 스스로 안다는 것을 뜻합니다. 소크라테스는 생애를 걸고 당시의 많은 현자, 시인, 작가, 정치가들을 찾아다닙니다. 그리고 말합니다.

　"그들은 아무것도 알지 못하면서 알고 있다고 생각하지만 나는 알지도 못하고 또 안다고 생각하지도 않기 때문에, 따라서 알지 못하다는 것을 알고 있다는 점에서 그들보다는 현명합니다."

소크라테스는 이렇게해서 많은 사람들을 적으로 만들었습니다. 그리고 사형을 당합니다.

<어린이를 위한 플라톤의 소크라테스 변론>은 여러분과 같이 어린 플라톤이 스승 소크라테스와 함께 지혜를 찾아 떠나는 여행을 동화로 만든 작품입니다. 권력이 제일 센 사람, 말을 잘 하는 사람, 세상의 모든 지식을 안다는 사람을 만납니다. 그러나 결국 이 세상에서 가장 현명한 사람은 자기 자신이 모른다는 것을 알고 꾸준히 지혜를 찾는 자기 스승, 소크라테스라는 사실을 알게 됩니다. 그리고 스승과 제자로서 철학사에 수 많은 활약을 하게 되지요.

어린이 여러분은 세상에서 가장 현명한 사람이 누구라고 생각하지요?

에밀리아노 디 마르코

차례

지혜로운 사람이 되고 싶은
플라톤 · **13**

세상에서 가장 지혜로운
사람은 소크라테스
· **20**

키가 작고 이상한 대머리
할아버지를 만났어요!
· **32**

큰 권력을 가진 사람이
가장 지혜로울까?
· **50**

가장 지혜로운 사람은
세상 모든 지식을 아는 사람?
· 61

세상에서 가장 말을 잘하는 사람이
가장 지혜로울까?
· 70

세상에서 가장 지혜로운 사람은
자신이 모른다는 것을 아는 사람
· 83

일러두기

이 이야기는
플라톤이 쓴 『소크라테스 변론』을
이해하기 쉽도록 약간 바꾼 것이랍니다.
『소크라테스 변론』은
소크라테스가 아테네 시민에게
고발당해 법정에 서게 된 이야기예요.
소크라테스가 아테네 시민들 앞에서
자신의 죄목에 대해 당당하고 아주 명쾌하게
자기 변호를 하는 이야기지요.
이 변론을 통해 소크라테스는 죽음 앞에서도
진리를 추구하는 소신있는 모습을 보여줍니다.
같은 시대를 살았던 시민들에게
어떻게 사는 것이 가장 가치있고
행복한 삶인가에
대한 물음과,
그 물음의 가치를 일깨워주었답니다.

지혜로운 사람이 되고 싶은
플라톤

먼 옛날 그리스의 아테네에 플라톤이라는 어린 소년이 살고 있었어요. 플라톤은 소크라테스의 제자이며 아리스토텔레스의 스승이기도 하지요. 그의 이름 플라톤은 어깨가 강하고 등이 평평하다는 뜻이랍니다. 플라톤은 정말로 어깨가 넓고 단단해서 체육교사가 붙여주었다고 해요. 플라톤의 본명은 아리스토클레스라고 합니다.

소년 플라톤은 태양신 아폴론이 태어난 신성한 날에 태어났어요. 아폴론이 태어나던 날 백조들이 성 위를 일곱 번 날았고 신들의 왕 제우스는 이 날을 기념하고 축하하기 위해 황금관과 백조들이 끄는 마차를 선물로 주었다고 합니다. 아폴론은 그 마차를 타고 델포이에 이르게 됩니다. 바로 델포이가 아폴론 신전이 있는 곳으로 많은 사람들이 신탁을 듣기 위해서 이 곳에 오곤 한답니다.

그래서 플라톤의 부모님은 어린 플라톤이 훌륭한 인물이 될 거라고 믿었어요.

"이 아이는 그리스에서 존경받는 의학자가 될 거야!"

플라톤의 아빠는 기뻐서 어쩔 줄을 몰랐어요.

플라톤의 부모님은 듬직한 아들을 선물로 준 신에게 감사를 드리기로 했어요. 그래서 친척과 친구들을 불러 아폴론 신전이 있는 델포이로 갔답니다.

그리고 델포이에서 바로 태양신 아폴론의 예언이 있었어요.

플라톤 부모님과 친구들이 델포이 신전에 도착했을 때 갑자기 벌 떼가 나타나 사람들을 에워쌌어요. 그러자 친구들과 친척들은 벌벌 떨면서 도망을 쳤지요. 플라톤의 부모님은 이것이 아폴론의 신탁임을 알아차렸어요. 아빠는 아들을 품에 안고 그대로

서 있었답니다. 벌 떼는 플라톤을 해치지 않았어요. 오히려 플라톤에게 다가가 달콤한 꿀을 먹여주었어요. 신성한 꿀을 아이 입에 가득 채운 다음 꿀벌들은 어디론가 사라졌어요. 꿀벌은 그리스에서는 지혜로운 언변의 소유자를 뜻한답니다.

아폴론의 신탁은 바로 이런 뜻이랍니다.
'플라톤은 꿀처럼 소중하고 지혜로운 말들을 하게 되리라.'
꿀벌 때문에 아빠는 플라톤이 정말 특별한 아이라는 걸 깨달았어요. 그런데 아빠가 바라는 대로 의학자가 될 것 같진 않았죠.

여러 해가 흘러 플라톤은 이름처럼 건강하게 자랐답니다. 게다가 아주 똑똑했어요. 호기심도 얼마나 많았다구요. 뭐든 꼬치꼬치 물어보는 통에 어른들이 성가실 정도였답니다.
그리고 예언대로 어린 플라톤의 꿈은 세상에서 가장 지혜로운 사람이 되는 것이었어요.

그리스 사람들은 항상 지혜를 얻을 수 있길 간절히 바랐어요.

그들은 언제나 위대한 지혜란 무엇일까를 생각했어요. 사람들에

게서 존경받는 현명한 이들도 이 문제를 깊이 생각했죠. 많은 사람들이 고민했지만 해답이 나오지 않았어요. 그렇지만 꼭 해답을 찾아야 하는 아주 중요한 문제였답니다.

"가장 지혜로운 사람이 되도록 가르침을 줄 수 있는 스승을 어떻게 찾아야 하죠?"

플라톤은 늘 이렇게 물었어요. 그 동안 많은 가르침을 받았지만 머릿속은 더 복잡해졌어요.

어느 날이었어요. 플라톤은 그날도 여느 때처럼 스승을 찾을 수 있는 방법을 골똘히 생각하며 거리를 걷고 있었어요. 마침 이야기를 주고받는 두 사람을 보았어요.

그 때 플라톤의 마음 깊은 곳에서 다이몬의 목소리가 들려왔어요.

'내가 만약 너라면 그들의 이야기에 귀를 기울일 거야.'

플라톤은 다이몬의 말을 따르기로 했어요.

고대 그리스인은 종종 다이몬의 목소리를 들었어요. 다이몬은 수호천사의 일종으로 때로는 충고를 해주기 위해, 때로는 문제의 해결을 위해 나타났답니다.

사람들은 다이몬의 말을 믿고 따랐지요. 신들이 자신들에게 도움을 주기 위해 보내는 메시지라고 생각했으니까요. 플라톤도 마찬가지였어요.

플라톤은 두 사람의 대화를 들으려고 천천히 다가갔어요. 그 모습은 마치 목에 방울을 매단 고양이가 주인 몰래 음식을 훔치려고 까치발로 걸어가는 것 같았죠.

세상에서 가장 지혜로운 사람은 소크라테스

"그래, 고민하던 그 문제는 해결했나?"

한 남자가 무척 궁금하다는 듯한 얼굴로 물었어요.

"물론이지!"

다른 남자가 행복한 미소를 띠우며 대답했어요.

"정말? 그걸 어떻게 해결했단 말인가? 인간의 능력으론 어림도 없는 일이었잖은가? 대체 그걸 어떻게 해결했는지 얘기해보게나, 어서!"

남자는 믿기 힘들다는 표정으로 안달을 부렸어요.

"하하하! 난 답을 찾았다네! 자네 말대로 그건 정말 인간이 풀기 어려운 문제였지. 사실 그 답은 내가 찾은 게 아니야."

"아니, 그럼 누군가 도와줬단 얘긴가? 대체 그 사람은 누구란 말인가? 빨리 말해보게."

남자는 궁금해서 미칠 지경이었어요.

"하하하, 자네 모습이 꼭 똥마려운 강아지 같군. 진정하고 들어보게. 나를 도와준 건 인간이 아니라 바로 신이야, 신!"

플라톤은 그 소리에 눈이 반짝거렸어요.

'신이라고? 이거 정말 흥미로운데.'

그리고 두 사람의 대화를 더 자세히 듣고 싶어 바짝 가까이 다가갔어요.

"난 위대한 신탁을 받기 위해 델포이 신전에 갔었다네. 아폴론 신에게 날 도와달라고 빌었지. 자네도 알다시피 신들은 언제나 정확하고 진실하잖은가. 거짓말을 하는 법이 없다구. 이 때문에 나는 답을 찾을 수 있었지."

"정말 멋지군! 환상적이야!"

궁금해 하던 남자가 감탄했어요.

플라톤 역시 감격해서 큰소리로 말해버렸어요.

"정말 멋진 해결책이에요."

두 사람은 깜짝 놀랐어요. 플라톤이 갑자기 불쑥 나타나 소리쳤으니까요. 플라톤은 영문도 모르고 당황해 하는 두 사람을 뒤로하고 집을 향해 쏜살같이 달려갔답니다.

"스승을 찾을 방법을 알아냈어요! 델포이 신전으로 가서 아폴론 신에게 물어볼 거예요. 이 세상에서 누가 가장 지혜로운지 말이에요. 신은 분명히 알고 있을 거예요."

플라톤이 의기양양해 하며 부모님께 말했어요.

플라톤은 확신에 차 있었어요. 앞에 나왔던 꿀벌들을 기억하나

요? 플라톤의 아빠는 종종 아폴론 신의 예언을 말했답니다. 아폴론 신이 플라톤의 대부인 것 같다면서 말이에요. 그리고 아폴론 신이 언제나 플라톤과 함께 할 거라고 말했어요.

플라톤은 어릴 적부터 아빠에게 이 이야기를 들었기 때문에 아폴론 신이 자신의 궁금증을 해결해 줄 거라고 더욱 믿었어요.

하지만 플라톤의 아빠와 엄마는 그런 아들을 크게 걱정했어요.

"플라톤, 지금 무슨 소리를 하는 거니? 델포이 신전은 너 같은 어린애가 쉽게 갈 수 있는 곳이 아니란다. 얼마나 먼 곳에 있는지 알고나 하는 소리야?"

"그래도 꼭 델포이 신전에 가야 해요. 오직 신만이 저를 도울 수 있다고요."

플라톤의 눈이 반짝반짝 빛났어요. 부모님은 플라톤의 고집을

꺾을 수 없었어요. 그들은 플라톤이 아폴론 신전으로 가는 것을 운명으로 받아들였어요. 물론 플라톤이 걱정이 되는 건 어쩔 수 없었답니다.

"플라톤, 델포이 신전으로 가는 길은 굉장히 위험하단다. 무서운 괴물과 험악한 산적을 조심해야 돼. 그리고 또 정말 조심해야 할 게 있단다."

"그게 뭔데요?"

플라톤도 조금 무서워졌어요.

그 때 아빠가 아주 오래 전에 살았던 어느 왕의 이야기를 들려줬어요.

그 왕은 욕심이 아주 많은 사람이었어요. 왕의 나라에는 강한 힘을 자랑하는 군대가 있었어요. 여러 나라에서 약탈해 온 금은보화도 가득했고요. 여러 가지 맛난 음식들도 넘쳐났어요.

왕은 정말 부러울 게 없는 사람이었어요. 하지만 왕은 그것에

만족하지 않고 더 많은 것을 갖길 원했어요. 그래서 이웃나라를 공격하고 싶어졌지요.

이웃나라 역시 아주 강했어요. 그래서 왕은 아폴론 신을 찾아갔어요. 전쟁을 하면 어떻게 될지 신탁을 받으러 말이죠.

어떤 신탁이 내려졌을까요?

"네가 전쟁을 한다면 강한 왕국을 멸망시킬 것이다. 어리석은 자의 나라는 멸망하게 된다."

신탁을 받아 용기를 얻은 왕은 이웃나라에 선전포고를 했어요. 그리고 군대를 동원해 공격을 했지요. 결과는 어떻게 됐을까요? 그 왕은 모든 것을 잃어버렸어요. 신탁이 맞았던 거예요. 어리석은 자의 왕국이 멸망하고 말았어요. 불행히도 그 어리석은 자가 바로 왕이었답니다.

"플라톤, 이 이야기가 무엇을 말하는지 알겠니? 네가 어리석은 자의 귀로 듣는다면 신은 네게 아무것도 알려주지 않는단다. 신이 너에게 무엇을 말하는지 여러 번 생각하려무나. 또 한 가지, 이걸 기억했으면 좋겠다. 네가 되고 싶어하는 현인보다 의학자가 돈을 더 많이 번다는 사실을 말이다."

플라톤은 항상 신중하게 행동하겠다고 부모님과 약속을 했어요. 그리고 다음 날 아침 여행길에 올랐답니다. 플라톤은 다행히 괴물과 마주치지 않았어요. 험상궂은 산적에게 해를 입지도 않았고요. 플라톤은 쉬지 않고 열심히 걸었어요. 그러자 마침내 델포이 신전의 위엄있는 모습이 보이기 시작했어요.

델포이 신전은 듣던 대로 참 아름다웠어요. 신전은 새하얀 대리석으로 뒤덮여 있었어요. 사원을 지탱하는 기둥과 벽은 마치

건장한 병사들 같았죠. 신전은 산과 영웅의 모험담을 나타내는 조각으로 가득 차 있었어요. 플라톤의 눈에는 모든 것이 경이로워보였어요. 문 앞으로 바짝 다가가보니 이런 글귀가 새겨져 있었어요.

'너 자신을 알라.'

이것은 고대 그리스인들에게 가장 소중한 지혜의 말이었어요. 하지만 그 뜻이 무엇인지 아무도 알지 못했어요.

플라톤은 이 글귀를 보고 왠지 용기가 났어요. 그리고 자신이 소중히 간직해 온 물음에 대한 답을 얻고자 천천히 신전 안으로 들어갔어요.

플라톤이 문을 통과하니 처음에는 넓은 홀이 나왔어요. 그 중

앙에는 불꽃을 태우는 청동화로가 있었어요. 화로의 불은 단 한 번도 꺼진 적이 없었어요. 언제나 강렬하게 빛을 내뿜는 태양처럼 말이에요.

플라톤은 화로 곁으로 다가가 신에게 예의를 갖추기 위해 무릎을 꿇었어요. 그리고 떨리는 목소리로 물었어요.

"아폴론 신이시여, 이 세상에서 가장 지혜로운 사람은 누구입니까?"

플라톤의 물음이 메아리가 되어 바다를 가로지르는 고기떼처럼 유유히 흩어졌어요. 플라톤은 귀를 쫑긋 세우고 신의 대답을 기다렸어요.

하지만 아무 일도 일어나지 않았어요. 플라톤은 이만저만 실망스러운 게 아니었어요. 바로 그 때 거대한 홀의 적막을 깨는 목소리가 들려왔어요.

그 목소리의 힘이 얼마나 강했는지 거대한 벽이 다 흔들렸어요. 그건 아폴론 신의 목소리였어요. 플라톤은 신이 바로 옆에 있는 것처럼 느껴졌어요. 아폴론이 위엄있게 말했어요.

"세상에서 가장 지혜로운 사람은 소크라테스이며, 그는 아테네에 살고 있다."

플라톤은 자신의 귀를 믿을 수가 없었어요. 누군가 짓궂은 농담을 하는 줄 알고 주위를 둘러봤지만 아무도 없었어요. 신전에는 오직 플라톤 혼자 뿐이었어요.

"와! 아폴론 신이 내 소원을 들어준 거야. 야호! 이제부터 소크라테스를 스승님으로 모셔야지. 신이시여, 감사합니다!"

플라톤은 뛸 듯이 기뻐하며 아폴론 신에게 감사의 뜻으로 선물을 바쳤어요.

키가 작고 이상한 대머리 할아버지를 만났어요!

아테네로 돌아오는 플라톤의 발걸음은 솜털처럼 가벼웠어요. 발에 날개가 달린 것 같았지요. 플라톤은 그토록 간절히 바라던 답을 가지고 집으로 돌아왔어요.

그 때 다이몬이 플라톤에게 말했어요.

"플라톤, 넌 정말 행운아야. 세상에서 가장 지혜로운 사람을 만나기 위해 세상 끝까지라도 가려고 했잖아? 그런데 네가 살고 있는 아테네에 그가 살고 있다니 얼마나 좋아!"

"아테네는 세상에서 가장 아름답고 소중한 곳이야. 그러니까 그가 여기에 사는 건 당연해."

플라톤은 자신있게 말했어요.

그런데 말이죠, 플라톤은 여행을 하면서 이 위대한 스승에 대해 상상해본 적이 없었어요. 그래서 이제부터라도 찬찬히 생각해보기로 했죠.

"나의 위대한 스승님은 어떤 모습일까? 음, 키는 굉장히 클 거야. 머리카락은 단정하고 아름답겠지? 하얗고 풍성한 수염을 멋지게 길렀을 테고, 두 눈은 반짝반짝 빛이 날 거야. 모든 일에 진지하게 임하고, 엄격하며 조용한 생활을 하겠지? 그는 진정한 현인이 그렇듯, 중요한 말을 하기 위해서만 입을 열 거야."

플라톤은 스승님을 상상하면서 무척 설레었지만, 또 한편으로는 걱정이 되기도 했어요. 그 위대한 현인이 자신을 제자로 받아 주지 않으면 어쩌나 하고 말이죠.

집에 도착한 플라톤은 부모님에게 델포이 신전에서 있었던 일을 얘기해줬어요.

"내일 아침에 스승님을 만나러 갈 거예요."

"그는 의학자니?"

아직 아들에게 바라는 꿈을 포기하지 못한 아빠가 모든 희망을 담아 물었어요.

"아니요."

플라톤은 조금 화난 목소리로 단호하게 말했어요.

"그는 위대한 현인이에요. 이 세상에서 가장 지혜로운 사람이라고요."

아빠는 한숨을 푹 쉬었어요. 아빠는 플라톤이 현인이 되는 걸

원치 않았거든요.

"의학자보다 못한 사람들도 현인들보단 돈을 더 잘 번단다."

아빠가 말했지만 플라톤은 들은 체도 안 했어요.

다음 날 아침, 닭이 울자마자 플라톤은 또다시 여행갈 준비를 했어요. 플라톤은 델포이 신전에서 겪은 신비로운 일을 떠올렸어요. 그러자 좋은 일들이 일어날 것만 같았어요. 플라톤은 행복한 상상을 하며 무작정 앞을 향해 걸었어요.

그 때 다이몬이 말했어요.

"플라톤, 네 기분은 충분히 알겠어. 그런데 대체 어딜 가는 거

니?"

그제야 플라톤은 자신이 소크라테스가 어디에 살고 있는지도 모른다는 걸 깨달았어요. 더 정확히 말해 소크라테스에 대해 아는 게 하나도 없었죠.

플라톤은 자기 자신을 꾸짖었어요.

"그에 대해 아는 게 하나도 없잖아. 앞으로 걷기만 해서 대체 어쩌겠다는 거야!"

플라톤은 지나는 사람들에게 소크라테스를 아느냐고 묻기 시작했어요. 스승을 찾기 위해 열심히 노력했어요. 그러자 마침내 소크라테스를 아는 사람을 만났어요. 그는 길가의 모퉁이에서 먹음직스런 올리브를 파는 상인이었어요.

"소크라테스? 알다마다. 그는 알로페체에 살고 있단다. 그런데 그를 왜 찾고 있니? 집에 가도 소용없을 거야. 잘 붙어 있지 않으니까."

"당연하죠. 원래 위대한 현인은 바쁜 법이라고요."

플라톤의 말이 끝나기가 무섭게 올리브 상인은 배꼽을 잡고 까

르르 웃어댔어요.

"뭐라고? 그가 위대한 현인이라고? 게다가 그가 바쁘다니? 푸하하하! 이봐, 꼬마야. 그는 아무것도 안 해. 하루 종일 산책이나 하면서 사람들에게 성가실 정도로 질문을 해대지. 그것도 아주 바보 같은 질문을 말이다. 뭔가 잘못 알고 온 거 아니니?"

플라톤은 너무너무 실망했어요. 금방이라도 울음이 터질 것 같았죠. 그 때 다이몬이 말했어요.

"플라톤, 소크라테스가 위대한 현인이라고 말한 이가 누구지? 넌 대체 이 올리브 상인과 아폴론 신 중 누굴 믿는 거냐?"

플라톤은 다이몬의 말을 듣고 자신도 모르게 고개를 끄덕거렸어요. 실망한 마음을 진정시키고 상인에게 인사를 한 뒤 소크라테스의 집으로 향했어요. 얼마쯤 걸었을까요? 드디어 소크라테스의 집을 찾았어요. 어휴, 그런데 이게 어떻게 된 일이죠? 플라톤이 상상하던 집과는 달라도 너무 달랐어요.

위대한 현인의 집은 대리석으로 된 아름다운 궁전일 거라고 상상했답니다. 또한 궁전의 모든 문은 멋진 그림이 새겨진 청동 문이고, 혼자 조용히 명상을 할 수 있는 장소도 있을 것이라고 생각했지요.

플라톤이 상상했던 건 오래된 나무로 둘러싸인 기품있는 집이

었지, 이렇게 평범하기 짝이 없는 집이 아니었지요.

플라톤은 실망한 마음을 애써 가라앉혔어요. 멋진 수염을 쓰다듬고서 광채를 내며 나타날 위대한 현인 앞에서 실망한 표정을 보여선 안 되니까요.

맙소사, 그런데 이게 또 어떻게 된 일이죠? 문을 열고 나타난 사람은 빗자루를 들고서 험상궂은 표정을 짓고 있는 뚱뚱보 아줌마였어요. 아줌마는 잠깐 호기심 어린 눈빛으로 플라톤을 빤히 보다가 이렇게 물었어요.

"흠, 너 여기서 입을 크게 벌리고 뭘 하는 게냐?"

플라톤은 아차 싶었어요. 하지만 다행히 다이몬이 그를 구출해줬어요.

"플라톤, 너 지금 표정이 어떤 줄 아니? 꼭 입 벌린 채 구워진 생선 같아. 빨리 어떤 말이라도 해."

"아…… 안…… 안녕하세요. 소크라테스를 찾아왔는데요. 여기가 소크라테스의 집이 맞나요?"

뚱뚱보 아줌마는 의아한 표정으로 플라톤을 내려다봤어요. 짓궂은 사내녀석이 장난을 친다고 생각했죠.

"그렇긴 한데, 왜 그를 찾는 게냐?"

플라톤은 미소를 지으며 큰소리로 대답했어요.

"제가 지혜를 가르쳐줄 스승을 찾고 있는데, 델포이 신전에 신탁을 받으러 갔더니 아폴론 신께서 소크라테스가 이 세상에서 가장 지혜로운 사람이라고 알려주셨어요."

플라톤의 말이 끝나기가 무섭게 아줌마는 배꼽을 잡고 깔깔 웃어댔어요.

"뭐라고? 소크라테스가 이 세상에서 가장 지혜로운 사람이라고? 푸하하하!"

아줌마는 다시 웃음을 터트렸어요. 플라톤의 얼굴은 백지장처럼 하애졌답니다. 아줌마가 왜 웃어대는지 전혀 이해할 수가 없었거든요. 하지만 마음을 가다듬었어요.

'이건 신께서 나를 테스트하시려는 거야. 내가 얼마나 간절하게 지혜를 얻고 싶어 하는지 시험하시는 거라구.'

플라톤은 자신감 있게 또록또록 말했어요.

"저는 세상에서 가장 지혜로운 사람인 소크라테스와 이야기를 하고 싶어요."

그랬더니 아줌마는 들고 있던 빗자루까지 내팽개치고 바닥에 주저앉아 더 크게 웃지 뭐예요.

참으로 당혹스러운 상황이었죠. 그 때 집 안에서 노인의 목소리가 들려왔어요.

"크산티페, 왜 이렇게 소란스러운 거요?"

얼굴은 푹 일그러져 꼭 불도그를 떠올리게 하는 노인이 플라톤

의 앞에 섰어요. 키는 아주 작고 다리는 약간 비틀어져 있었죠. 플라톤은 그가 자신이 찾고 있는 사람이 아니라고 생각했어요. 소크라테스일 리가 없었죠. 노인은 하얗고 긴 멋진 수염도 없었고 눈도 총명하게 빛나지 않았거든요. 말하는 것도 평범한 사람과 별반 다를 게 없었어요. 노인은 인상을 찌푸리며 아줌마를 쳐다보다가 다시 플라톤에게 고개를 돌렸어요.

"내 아내 크산티페를 대신해 사과하고 싶구나. 성미가 고약하니까 네가 이해하렴. 그런데 여긴 왜 온 거냐? 무슨 얘길 했기에 크산티페가 저렇게 크게 웃는 거지? 나도 무척 궁금하구나."

플라톤은 그를 소크라테스의 하인이라고 생각했어요.

"저는 소크라테스를 만나러 왔어요. 그가 세상에서 가장 지혜로운 사람이라고 말했더니 저렇게 웃지 뭐예요."

그러자 크산티페가 배를 움켜잡고 다시 데굴데굴 구르며 웃었어요. 그 모습을 지켜보던 노인이 플라톤의 손을 잡고 말했어요.

"꼬마야, 여긴 이야기를 할 만한 장소가 못 된단다. 조용한 곳으로 가자꾸나."

그 집에서 어느 정도 멀어졌을 때 노인이 플라톤의 넓은 어깨에 손을 올리며 말했어요.

"꼬마야, 여기까지 오면서 많은 사람들에게 놀림거리가 됐겠구나. 난 소크라테스를 알고 있단다. 그런데 나 역시 그가 세상에서 가장 지혜로운 사람이란 건 믿을 수가 없구나."

플라톤은 사람들이 이 모든 일을 꾸며낸 거라고 생각했어요. 소크라테스를 곤경에 빠트리기 위한 계략이라고 말이에요.

"믿어야 돼요."

플라톤은 단호하게 말했어요.

"그건 아폴론 신이 직접 한 말이라구요. 신들이 거짓말을 하는 거 보셨어요?"

노인이 그 말에 관심을 보이자 플라톤은 델포이 신전으로 여행을 갔던 것과, 신탁을 받은 이야기를 들려줬어요. 비록 어린아이의 얘기였지만 노인은 아주 진지하게 들었답니다.

"애야, 그것 참 신비로운 일이로구나. 네가 거짓말을 하는 건 아닌 듯하구나. 그래, 맞다. 아폴론처럼 훌륭한 신은 결코 거짓말을 하지 않아. 그리고 그의 예언은 언제나 특별한 것이지. 하지만 애야, 난 여전히 소크라테스가 가장 지혜로운 사람이라는 걸 믿기가 좀 힘들단다."

"왜요? 그에 대해 잘 아세요?"

"음......, 그에 대해 모든 걸 안다고 할 순 없지만, 그보다 지혜로운 사람이 많다고는 말할 수 있지."

플라톤은 진지하게 말하는 노인의 눈을 지그시 들여다봤어요. 노인이 거짓말을 하는 것 같지는 않았어요. 이렇게까지 생각을 하니까 플라톤은 무척 슬퍼졌어요.

플라톤이 실망한 걸 눈치 챈 노인이 한 가지 제안을 했어요.

"꼬마야, 지금 네 마음을 충분히 이해한단다. 스승을 찾기 위해 어린 네가 델포이 신전까지 갔다니 정말 대단하구나. 넌 지혜를 구하기 위해선 많은 생각과 노력이 필요하다는 걸 알고 있는 아이야. 네 노력이 날 감동시키는구나. 그래서 말인데, 내가 아테네에서 현명하다고 생각하는 사람들을 너에게 소개해주는 건 어떠니? 그 중에서 스승을 찾을 수 있을지도 모르잖니?"

플라톤은 천천히 고개를 끄덕였어요.

그러고 나서 두 사람은 말없이 걷기 시작했어요. 그러다가 플라톤이 입을 열었어요.

"할아버지, 궁금한 게 있어요."

"그래, 말해보렴."

"아폴론 신이 저한테 해준 말이 어떻게 거짓일 수 있죠?"

"애야, 신들은 거짓말을 하지 않는단다. 때때로 이해하기 힘든 말을 할 때는 있지만 말이다. 이렇게 생각해보는 건 어떨까? 아폴론 신께서 널 시험한다고 말이야."

"저를 시험한다구요? 어떻게요?"

"네가 사람의 첫인상만 보고서 쉽게 판단하는 아이가 아닌지 시험하는 것일 수도 있어."

"대체 왜요?"

플라톤은 아무리 생각해봐도 신이 왜 그런 시험을 하는지 도통 이해할 수가 없었어요.

"내 말을 잘 들어보렴. 신은 경솔한 사람에겐 지혜라는 소중

한 선물을 주시지 않아. 경솔한 사람은 불을 내뿜는 무시무시한 용보다도 더 위험하지. 그들은 다른 사람에게 해를 입히려고 자신의 지식을 사용하니까 말이다."

플라톤은 그 말을 곱씹어 생각해봤어요. 처음에 노인은 비틀어진 다리로 종종걸음을 걷는 바보로만 보였죠. 그렇지만 노인은 지금 너무도 현명한 말들을 해주고 있었어요. 플라톤은 깜짝 놀랐죠.

'소크라테스는 정말 위대한 현인인가 봐. 하인조차도 이렇게 똑똑하니 말이야.'

큰 권력을 가진 사람이 가장 지혜로울까?

플라톤과 소크라테스가 한참을 걸어가서 조금씩 지쳐갈 때쯤 저 멀리 하얀 대리석 집이 보였어요. 그 곳이 가까워오자 플라톤은 흥분을 감출 수 없었죠. 그토록 아름다운 집은 난생 처음 봤거든요. 이 도시에서 가장 아름다운 집 같았어요. 노인이 그 집의 커다란 문 앞에 멈춰 섰어요.

"이 곳엔 칼리클레라는 사람이 살고 있단다. 그는 아주 유명한 정치가이며 아테네의 위대한 장군이란다. 그는 많은 걸 알고 싶어 하는 사람이지. 자신처럼 높은 위치에 있는 사람이라면 무조건 현명해야 한다고 생각한단다. 난 그가 너의 훌륭한 스승이

될 수 있을 거라는 생각이 드는구나. 네가 원한다면 널 그에게 소개시켜주마."

아름다운 집을 바라보며 감격에 벅찬 플라톤이 고개를 끄덕이며 노인에게 함께 가달라고 부탁했어요. 이런 집 앞에서 망설인다는 건 있을 수도 없는 일이었죠.

그들은 아름다운 정원을 지나갔어요. 정원에는 많은 하인들이 분주하게 일을 하고 있었어요.

그 곳은 명상하기에 제격이었죠. 우아한 조각과 분수가 있었고, 아름드리나무들이 곳곳에 시원한 그늘을 드리우고 있었답니다. 집 안은 갖가지 무늬를 수놓은 비단으로 장식돼 있었어요. 바닥은 신과 영웅들의 모험담이 모자이크로 꾸며져 있었고요.

그 때 다이몬이 플라톤에게 말을 걸었어요. 하지만 플라톤은 눈앞에 펼쳐진 경이롭고 아

름다운 것에 넋을 잃어 목소리를 들을 수가 없었죠. 잠시 후에 반들반들한 대리석 계단으로 키가 아주 크고 잘 생긴 남자가 환한 미소를 지으며 기품있게 내려왔어요.

"윽! 늑대 같아!"

다이몬이 크게 외쳤지만 플라톤은 여전히 넋을 빼고서 못 알아들었죠.

"나를 찾아온 이유가 뭐죠?"

칼리클레의 목소리에는 기품이 느껴졌어요.

"동냥이라도 해주길 바라나요?"

"그건 절대 아닙니다."

노인이 좀 화가 난 목소리로 단호하게 말했어요.

"칼리클레 님, 이 아이는 아테네는 물론이고 세상에서 가장 지혜로운 사람을 찾고 있습니다. 그래서 저는 당신을 생각했죠."

그러자 칼리클레는 거만하게 가슴을 쭉 폈어요.

"현명한 노인이군. 난 아테네에서 가장 큰 권력을 갖고 있어요. 그러니 가장 지혜로운 사람임에 틀림없지요. 만약 나보다 더 지혜로운 사람이 있다면 그가 더 막강한 권력을 지녔겠죠, 안 그렇소?"

플라톤은 그 말이 옳다고 생각했어요. 칼리클레는 비록 멋진 수염은 없었지만 세상에서 가장 지혜로운 사람임에는 틀림없다고 말이죠. 그 때 또다시 다이몬의 목소리가 들렸어요. 플라톤은 좀 성가시긴 했지만 그 목소리에 귀를 기울이려고 했어요. 그렇지만 들을 수가 없었죠. 노인이 쩌렁쩌렁한 목소리로 이렇게 말했거든요.

"위대하신 칼리클레 님, 저는 당신처럼 아는 게 많지 않습니다. 그래서 도무지 이해가 안 되는 게 있습니다."

그러자 칼리클레가 눈살을 찌푸리며 물었어요.

"뭐가 말입니까? 어서 말해봐요. 난 바쁜 사람이오."

"당신이 가장 막강한 권력을 가졌기 때문에 가장 지혜롭다고 하셨습니까?"

"그래요, 그게 뭐 어떻다는 거죠?"

"그렇다면, 당신이 내일 당장 모든 권력을 잃어버린다면 지혜 또한 잃어버리게 되는 것입니까? 저는 지혜가 영원한 것이라 생각하는데 말입니다."

칼리클레는 어안이 벙벙한 표정으로 뭔가 말을 하려고 했지만 좀처럼 입이 안 떨어졌어요. 소가 여물을 되새김질하는 것처럼 입만 우물거릴 뿐이었죠.

노인이 당황해 하는 칼리클레에게 다시 물었어요.

"당신이 누군가에게 모든 권력을 빼앗기고 노예가 되었다고 합시다. 그럼 당신은 노예가 된 동시에 바보가 되어버리는 겁니까? 당신을 현인의 자리에서 바보의 자리로 끌어내린 사람은 누구인가요? 현인이라고 해서 꼭 위대하고 부자라는 법은 없지 않나 싶군요."

칼리클레는 어떻게 대답해야 할지 몰랐어요. 적들에게 사방으로 포위를 당한 것처럼 안절부절못했답니다. 노인의 질문에 감동을 받은 플라톤은 다이몬이 무엇을 말하려는지 알 것 같았어요. 메시지는 너무도 간단했죠.

'칼리클레는 자만에 차 있고 어리석은 사람이다.'

이 메시지를 듣기라도 한 것처럼 칼리클레는 얼굴이 빨개지다 못해 검게 변하고 있었어요. 결국 통제력까지 잃어버렸답니다.

"이런 무례한 노인네 같으니! 왜 내 말을 의심하는 게요? 그

따위 빌어먹을 용기로 내 집에 찾아와 날 모욕하다니!"

플라톤은 잔뜩 겁을 먹었어요. 하지만 칼리클레의 키보다 훨씬 작은 노인은 얼굴색 하나 안 변하고 당차게 말했답니다.

"저는 당신에게 오직 한 가지 질문을 했을 뿐입니다. 당신이 대답을 못하는 건 내 잘못이 아니지요."

침착하게 행동하는 노인과 달리 칼리클레는 흥분해서 펄쩍펄쩍 뛰면서 고함을 질렀어요. 여러분도 이미 눈치를 챘겠지만, 노인과 플라톤은 그만 쫓겨나고 말았답니다.

노인이 미안한 표정으로 말했어요.

"정말 미안하구나. 내가 칼리클레를 잘못 봤구나. 그가 현명한 사람이라고 생각했는데 오히려 그 반대였어."

"그럼 제 스승님은요? 현인을 찾을 수 없는 건가요?"

"그건 아니야. 아테네에는 많은 현인들이 있단다. 난 아무 일도 안 하기 때문에 시간이 많단다. 그러니 네가 스승을 찾을 수 있도록 도와주지. 난 걷는 걸 참 좋아한단다. 걸을 때 대화가 더 잘 되거든. 또한 나는 대화를 통해 올바른 판단을 할 수 있다고 믿는단다."

노인의 말에 플라톤은 조금 실망했어요.

'올바른 판단을 하는 데 좀 더 편한 방법도 있지 않을까? 왜 이토록 힘들게 걸어야 하지? 진리를 알기 위해 걷는 거라면 더 힘든 방법이라도 가치가 있을 테지만, 그래도 걷는 건 너무 힘들어.'

노인과 플라톤은 계속 걸었어요. 그러다가 아주 단단하고 돌로 쌓은 탑처럼 생긴 집 앞에 도착했지요.

플라톤이 고개를 뒤로 젖히고 위아래를 쳐다봤어요. 집 주위에는 아무것도 없었어요. 그래서 탑처럼 생긴 집은 쓸쓸해 보였어요. 플라톤은 좀 무섭기도 했습니다.

가장 지혜로운 사람은
세상 모든 지식을 아는 사람?

"자, 여긴 유명한 역사학자인 아스테리오네의 집이란다. 그리스 사람들 모두가 아스테리오네만큼 공부를 많이 한 사람은 없다고들 하지. 나 역시 그렇게 생각하고. 좋은 예감이 드는데! 자, 어서 들어가보자꾸나."

그런데 문을 두드렸지만 아무런 인기척도 없었어요. 한참 뒤에 아주 느린 걸음으로 발을 질질 끄는 듯한 소리가 들려왔죠. 간간이 기침소리도 났고요.

엄청난 파괴력을 지닌 폭풍우가 다가오는 듯한 느낌이 들었어요. 마침내 문이 열렸고, 주름투성이 노인이 서 있었어요. 몸은 구부정하고 말랐으며 먼지로 뒤덮여 있어 마치 무시무시한 해골 같았죠. 표정은 어두침침하고 우울해 보였어요. 금방이라도 비를 쏟을 것 같은 먹구름을 보는 듯했죠. 괴기영화에서나 나올 법한 그 모습을 보고 플라톤은 두려움을 느꼈어요.

"안녕하십니까, 아스테리오네 님."

노인이 미소를 지으며 인사를 했어요.

"이 아이가 세상에서 가장 지혜로운 사람을 찾고 있다기에, 저는 당신을 생각했습니다."

아스테리오네의 두 눈이 자부심으로 빛나기 시작했어요. 그는 아무 말없이 두 사람을 집 안으로 들어오게 했어요. 집 안을 살펴보는 플라톤은 여전히 두려움에 가득 차 있었어요. 모든 창문이 굳게 닫혀 있어 집은 빛 한 줄기 없이 어두컴컴했어요. 또한 곳곳에는 엄청난 책들이 잔뜩 쌓여 있었고요.

　수많은 책이 플라톤의 관심을 끌었지만 그것도 잠시였죠. 먼지를 뒤집어쓴 책들이 어둠 속에서 아스테리오네를 지켜보고 있는 것 같았어요. 위험을 막기 위해 그를 호위하고 있는 병사들처럼 말이죠. 그런 생각을 하니 플라톤은 등골이 오싹해졌어요.

아스테리오네는 기침을 연거푸 하더니 오랜 감기에 시달리고 있는 사람처럼 코맹맹이 소리를 냈어요.

"난 이 세상에서 가장 지혜로운 사람이오. 글자로 씌어진 모든 걸 다 읽었지. 세상의 모든 지식을 다 알고 있단 말이오."

이번엔 노인이 기침을 했어요.

"학식이 풍부한 당신 앞에서 저는 입을 다물어야 할 겁니다. 그런데 말이죠, 이해할 수 없는 게 하나 있습니다."

"그래요? 그럼 물어보시오. 난 모르는 게 없으니까."

아스테리오네는 자신만만해 보였어요.

"네, 그러지요. 당신은 많은 것을 알고 있기에 현인이라 했습니다."

"많은 것이 아니라, 모든 것이지요."

아스테리오네는 기분 나쁜 듯 말했어요. 하지만 노인은 별로 신경쓰지 않았답니다.

"만약 당신에게 제자가 있다면, 당신이 알고 있는 모든 것을 가르치겠습니까?"

"물론이오!"

아스테리오네는 다시 기침을 연거푸 하더니 코맹맹이 소리로 말했어요.

"당신이 모든 것을 안다면, 거기엔 좋은 것도 있고 나쁜 것도 있겠죠. 그런데 나쁜 것까지 제자에게 가르친다는 건 옳지 못한 일 아닙니까?"

아스테리오네는 기침을 하고 짜증을 내며 대답했어요.

"뭘 모르는군. 내가 알고 있는 것은 당신이 이해할 수 없는 것이오. 내가 알고 있는 것 중에 나쁜 것은 하나도 없어요. 당신이 이해를 못하는 것은 책을 많이 안 읽었기 때문이지."

그러자 노인이 침착하고 단호하게 말했어요.

"세상에는 분명 나쁜 것도 존재합니다. 당신이 그걸 인정하지

않는다면, 모든 것을 안다는 당신의 말은 거짓이군요."

아스테리오네는 얼굴이 빨개질 정도로 기침을 심하게 하더니 숨을 가쁘게 쉬었어요. 플라톤은 마침내 폭풍우가 가까이 왔다는 걸 깨달았어요.

숨을 고르던 아스테리오네는 얼굴이 아주 험악하게 변하더니 고함을 질렀어요.

"이 망할 노인네! 당신은 아주 제멋대로 생각하는군. 난 모든

걸 알고 있어! 트로이 전쟁 때 사용했던 트로이 목마가 무슨 색이었는지도 알고, 무게가 얼마나 나갔는지, 못이 몇 개가 박혔는지도 다 알아. 그 안에 있던 병사들 이름도 다 안다고. 아침식사로 뭘 먹었는지도 알고, 그 안에 있는 동안 병사들이 얼마나 많은 불평을 해댔는지도 다 안다고! 왜 불평을 했냐고? 라오메돈테라는 사람 때문이었지. 다리에 종기가 났고 푸른색 속옷을 입었는데 심한 악취를 풍겼어. 난 이렇게 자세히 알고 있는데, 당신은 대체 뭘 안다고 나불대는 거야?"

아스테리오네는 노인의 질문을 제대로 이해하지 못한 채 엉뚱

한 말만 해댔어요. 자신의 지식만을 자랑하고 있었죠.

"그래요, 난 당신이 지금 말한 것을 모릅니다. 하지만 오늘이 아주 화창한 날이라는 건 알지요. 지금 바깥에는 바람이 살랑살랑 불고 있어요. 사람을 기분 좋게 하는 바다향기를 싣고서 말입니다. 당신은 이걸 알고 있습니까? 당신이 방금 전에 내게 물었듯, 당신은 내가 알고 있는 것 중에서 무엇을 알고 있습니까?"

노인이 조목조목 반박을 하자, 많은 사람들에게서 칭송을 받는 역사학자 아스테리오네는 숨도 제대로 못 쉴 정도로 머리끝까지 화가 났어요.

"내 집에서 당장 꺼져!"

세상에서 가장 말을 잘하는 사람이 가장 지혜로울까?

쫓겨난 노인과 플라톤은 또 열심히 걷기 시작했어요. 한참을 걸어 멀리 왔는데도 아스테리오네의 분노에 찬 기침소리가 들려왔답니다.

노인은 플라톤에게 또 미안해했어요. 그렇지만 플라톤은 먼지 투성이 속에서 가르침을 받고 싶진 않았어요. 이렇게 된 게 오히려 다행이었죠. 그리고 노인에게 말했어요.

"할아버지가 질문을 좀 적게 하셨다면 그들이 그토록 심하게 화를 내진 않았을 거예요."

그러자 노인이 어깨를 축 늘어뜨렸어요.

"그건 내 아내 크산티페가 종종 하는 말이란다. 하지만 난 그 말을 안 들었지. 사람들은 많은 질문을 할수록 그만큼 많은 답을 얻을 수 있단다. 그걸 깨닫는다면 사람들이 그렇게까지 화를 내진 않을 텐데. 나는 그들을 화나게 하는 게 아니란다. 그들이 그토록 화를 내는 건 싫어하는 진실을 들어야 하기 때문이지. 난 수십 번 아니 수백 번 쫓겨나도 괜찮아. 하지만 진실은 그들과 함께 남을 거야. 그들이 원하든 그렇지 않든 간에 말이다."

플라톤은 노인의 말에 감동을 받아 입을 다물지 못했어요. 그리고 다시 한 번 소크라테스에게 놀랐지요. 얼마나 지혜로운 사람이기에 하인마저도 이토록 현명할까 하고 말이죠. 하인이 이 정도이니 소크라테스는 플라톤이 생각했던 것보다 열 배, 백 배 아니 수천 배 더 지혜로운 사람일 게 틀림없었어요. 플라톤은 가슴이 벅차올랐어요.

"할아버지, 제 생각엔 아폴론 신의 뜻에 따라 소크라테스에게 돌아가는 게 좋을 것 같아요. 아폴론 신이 말한, 가장 지혜로운 사람은 소크라테스가 분명해요. 아폴론 신이 옳았어요. 빨리 돌아가요, 네?"

노인이 잠시 생각에 잠기더니 입을 열었어요.

"그것이 진실이라고 확신하기 위해 우린 또 다른 한 사람을 찾아가야 한단다. 그가 소크라테스보다 더 지혜롭다는 생각이 드는구나. 그는 테르판도르라는 사람이야. 그리스에서 제일 유명한 웅변가란다."

웅변가란 논문을 쓰고 연설을 하는 사람이에요. 플라톤이 살았을 당시의 그리스에서 웅변가는 엄청난 영향력과 권위가 있었답니다.

플라톤은 노인의 제안이 썩 마음에 들진 않았지만 마지막으로 믿어보기로 했어요.

그렇지만 플라톤은 무척 지쳐 있었고 걷는 게 너무너무 힘들었어요.

플라톤과 달리 하루 종일 걷는 게 습관이 된 노인은 한 송이의 싱싱한 장미 같았어요.

"지혜를 구하는 일이 이토록 힘들 줄은 몰랐지?"

지쳐 있는 플라톤에게 다이몬이 말했어요. 그리고 플라톤을 놀렸지요.

"치과의사가 되면 이렇게 고달프진 않을 텐데. 쯧쯧."

플라톤은 다이몬이 얄미웠지만, 지혜를 찾는 일이 더 가치 있다고 생각하며 마음을 다잡았어요.

플라톤이 끝도 없다고 느낄 만큼 한참을 걸은 뒤에야 두 사람

은 테르판도르의 집에 도착했어요.

그의 집은 아름다운 궁전 같았어요. 눈의 나라에 온 것처럼 새하얗고 깨끗했어요. 플라톤이 상상해왔던 현인의 집이었지요.

책도 많았지만 결코 과하지는 않았어요. 명상을 하기에 좋은, 고요한 정원도 있었지요. 모든 것이 테르판도르를 위해 존재하는 듯했답니다.

"집이 심하게 깨끗하군. 테르판도르란 사람, 결벽증환자 아닐까?"

다이몬이 당황스럽다는 듯 말했어요. 정원에 앉아 명상을 하는 테르판도르의 모습은 감탄을 자아내기에 충분했답니다. 흰색 토가를 걸친 그는 나뭇잎 사이로 쏟아지는 햇빛을 바라보고 있었어요. 하얗고 멋진 수염을 쓰다듬으며 깊은 생각에 빠져 있었지요.

플라톤은 그가 진정 위대한 현인일지도 모른다고 생각했어요.

"심각할 정도로 깨끗하다고!"

다이몬이 여전히 못마땅한 듯 말했어요. 플라톤은 다이몬이 꼭 성가시게 구는 노인과 비슷하다고 생각했죠.

"안녕하십니까? 테르판도르 님. 당신은 훌륭하고 학식이 풍부한 사람들의 스승님이지요. 우리가 부디 당신을 방해한 게 아니길 바랍니다."

웅변가는 번쩍번쩍 빛나는 깨끗한 치아를 드러내며 미소를 지었어요. 그러곤 차분하고 위엄 있는 목소리로 말했지요.

"방해라니, 전혀 그렇지 않네. 우리 집에 온 걸 환영한다네. 그런데 날 찾아온 이유가 뭔가?"

노인은 이전처럼 정중하게 그 이유를 말했어요. 잠자코 듣고 있던 테르판도르가 대답했어요.

"나를 찾아온 것은 탁월한 선택일세. 나는 가장 지혜롭고 학식이 풍부한 사람이지. 한 번은 황소를 참새로 만드는 것을 증명한 적이 있어. 황소를 지붕 위로 날게 했더니 아주 높이 날더군."

테르판도르는 자신에게 도취되어 흥분을 감추지 못했어요.

"이 정도는 아주 작은 일에 지나지 않아. 난 황소 다섯 마리도 거뜬하게 날릴 수 있으니까. 어떻게 그럴 수 있는지 궁금한가?"

플라톤은 믿을 수 없는 이 놀라운 일을 얼른 배우고 싶었어요. 그래서 조금도 망설이지 않고 얼른 고개를 끄덕였지요. 꼭 최면에 걸린 사람 같았어요.

"그건 아주 간단해. 나는 여러 해 동안 연구하면서 이 능력을 터득했다네. 그건 이 세상에서 가장 가치가 있는 것이고, 딱 하나밖에 없지. 그건 바로 지혜야. 나만이 사용할 수 있는 지혜. 이 세상 모든 것은 진실도 아니고, 거짓도 아니야. 내가 어떤 말을 하든 사람들은 다 믿는다네. 그러니 이 세상에서 가장 지혜로운 사람은 바로 나야. 하하하."

플라톤은 놀랍고 신기해서 입이 딱 벌어졌어요. 그는 마치 마법을 부리듯 말했어요.

플라톤은 테르판도르야말로 자신이 찾던 최고의 지혜를 갖춘 사람이라고 생각했어요. 노인의 익숙한 기침소리를 듣기 전까지는 말이에요.

"놀라운 이야깁니다. 목소리도 참 좋으시군요."

노인이 말했어요.

"그런데 제가 무지해서 이해가 안 되는 게 있습니다."

플라톤은 또다시 똑같은 질문을 하려는 노인이 정말 원망스러웠어요.

"플라톤, 기다려보라구."

테르판도르를 못마땅하게 여겼던 다이몬이 말했어요.

"그래, 뭔가? 내가 대답 못할 질문은 없지. 나는 세상의 모든 것과, 그 반대의 것까지도 증명할 수 있어. 등 뒤로 손이 묶이고 한 다리에 붕대를 감은 것처럼 서 있어도 증명할 수 있지."

웅변가는 의기양양했어요.

"그렇게까지는 안 하셔도 됩니다. 조금 전에 당신은 이 세상 모든 것은 진실도 아니고 거짓도 아니라고 했습니다. 하지만, 그 어떤 것도 진실이 아니라면 당신이 말한 것을 어떻게 옳다고 할 수 있습니까?"

테르판도르는 정곡을 찌르는 예리한 질문에 무척 당황한 것 같았어요. 얼굴이 창백해지기 시작하더니 입고 있는 옷보다 더 하얗게 변해버렸지요. 마치 전갈에 물리기라도 한 것처럼 공포에 질린 듯한 얼굴이었어요.

노인은 계속 말을 이어갔어요.

"당신은 황소를 참새로 만드는 걸 증명할 수 있을지는 몰라도, 나 같은 무지한 사람이 현인이 되는 것은 증명할 수 없을 겁니다. 당신이 적어도 내가 한 질문에 대답을 못한다면 말입니다."

테르판도르는 분노로 이글거리는 눈빛을 하고서 노인을 바라보았어요. 그러곤 뱀이 수풀가를 지나가는 듯한 불쾌한 소리를 내면서 말했어요.

"나는 보잘것없는 당신을 이해시킬 이유가 없네. 그건 내게 그리 중요치 않으니까."

그러자 노인이 단호하게 말했어요.

"당신은 틀렸소. 날 이해시키지 못하는 것은 곧 모든 사람을 이해시키지 못한다는 뜻이니까 말입니다."

"내가 당신을 이해시키지 않는 건 단지 내가 원하지 않기 때문이야."

테르판도르가 소리를 질렀어요.

"빌어먹을 노인네 같으니라고! 저 코흘리개와 당장 꺼져버려!"

세상에서 가장 지혜로운 사람은 자신이 모른다는 것을 아는 사람

두 사람은 다시 쫓겨났어요. 그렇지만 플라톤은 전혀 슬프지 않았어요. 지혜는 결코 권력, 지식, 유창한 말솜씨가 아니라는 것을 깨달았기 때문이지요.

물론 삶에서 가장 중요한 지혜란 무엇일까? 라는 궁금증은 여전히 남아 있었어요.

하지만 그 해답은 플라톤의 앞에 있었답니다. 플라톤은 궁금증을 어떻게 풀어야 할까 고민하다가 노인에게 말했어요.

"할아버지, 우린 충분히 걸었어요. 그리고 가장 지혜롭다고 자부하는 사람들도 만났어요. 하지만 그들 모두가 틀렸어요. 그러니 이제 다른 사람을 찾을 필요가 없어요. 저를 소크라테스에게 데려가주세요. 소크라테스야말로 세상에서 가장 지혜로운 사람일 거예요."

"휴우."

노인이 깊은 한숨을 쉬더니 어렵게 입을 열었어요.

"애야, 나는 네가 찾는 소크라테스에게 데려가줄 수 없단다. 그는 이미 너와 함께 있으니까 말이야."

플라톤은 깜짝 놀라 그 말을 이해할 수가 없어

눈만 말똥말똥 뜨고 있었어요.

"내가 바로 소크라테스란다."

플라톤은 너무너무 놀란 나머지 뒤로 넘어져 엉덩방아를 찧었어요.

'이렇게 바보 같아 보이는 노인이 소크라테스라고? 말도 안 돼. 고약한 아내와, 저 비틀어진 다리를 좀 봐. 게다가 자신이 무지하다고 노래를 부르던 이 사람이 어떻게 세상에서 가장 지혜로운 사람이란 말이야? 물론 그가 현명한 말을 하긴 했지. 그의 질문에 대답하는 사람은 아무도 없었고. 그렇지만 내가 상상해 왔던 하얗고 긴 멋진 수염은? 현인이라면 당연히 갖추고 있어야 할 게 하나도 없잖아!'

플라톤은 이런저런 생각으로 머리가 터질 것 같았어요. 그 때 소크라테스가 뭔가를 깨달았다는 듯 자신의 이마를 손으로 쳤어요.

"맞아, 바로 그거야! 왜 그걸 몰랐지?"

"뭐가요?"

정신을 차리고 자리에서 일어난 플라톤이 물었어요.

"나는 네가 델포이 신전에서 받은 신탁의 의미를 전혀 이해하

지 못했어. 그런데 때때로 내게 충고를 해주던 다이몬이 그걸 깨닫게 해 주고 싶어 했지. 내가 눈치를 못 챘지만 말이야."

"이제야 내 진가를 알아주는군."

다이몬이 플라톤에게 뽐내며 말했어요.

"저도 가끔 그렇긴 하지만……."

플라톤은 다이몬의 얘기를 귀찮아 했던 게 생각나서 얼굴이 빨개졌어요.

"이번에도 다이몬이 아폴론 신이 무엇을 말하려고 했는지를 깨닫게 해 줬단다. 왜 신께서 나를 가장 지혜롭다고 했는지 말이야!"

노인은 짧은 다리로 팔짝팔짝 뛰면서 기뻐했어요.

"왜요? 왜요?"

플라톤이 궁금해 하며 물었어요.

"나는 오늘 우리가 만났던 세 사람이 결코 생각해내지 못하는 걸 알게 됐단다. 그건 바로 나의 무지함을 아는 것이지. 자신이 모른다는 것을 인정하는 게 바로 진정한 지혜란다."

플라톤은 이해가 잘 안 됐는지 고개를 갸우뚱했어요.

"한번 들어보렴. 자신이 모른다는 것을 아는 사람만이 자신의 한계를 알고 끊임없이 배울 수 있단다. 모든 답을 다 아는 것처럼 뽐내는 사람보다는 항상 모르는 것을 질문하는 사람이 세상

에서 가장 지혜로운 현인이 될 수 있는 거야. 신은 나에게 그것을 알려주고 싶었던 것 같구나. 그리고 네 덕분에 나는 그걸 깨달을 수 있었단다. 애야, 너에게 보답을 하고 싶구나. 내가 뭘 해 줬으면 좋겠니?"

플라톤은 소크라테스의 말에 환한 미소를 지어 보였어요.

플라톤 역시 아폴론 신이 말한 진리를 깨달았거든요. 비틀어진 다리와 불도그처럼 생긴 얼굴은 중요한 게 아니었어요. 눈에 보이는 게 전부가 아니라는 것을 깨달았지요.

플라톤이 기뻐하며 말했어요.

"제 스승님이 되어 주세요. 제가 현인이 될 수 있도록 가르침을 주세요. 비록 나이 차이는 많이 나지만, 우린 좋은 친구가 될 수 있을 거예요."

소크라테스가 잠시 생각을 하더니 미소를 지으며 대답했어요.

"그건 이미 결정된 일 같구나."

소크라테스와 플라톤은 다시 만날 것을 약속하고 각자의 집으로 돌아갔어요.

그 첫 번째 가르침 뒤로 둘은 수없이 만났어요.

소크라테스의 가르침 덕분에 플라톤은 훗날 아주 유명한 철학자가 되었지요. 그리고 소크라테스에게서 배운 것을 기록해 책으로 남겼답니다.

그 책이 바로 소크라테스의 변론이라는 책이에요. 플라톤은 그 후 모든 시대를 통틀어 가장 유명한 철학자가 되었어요. 플라톤은 그리스어로 평평하다는 뜻입니다.

더 알아볼까요?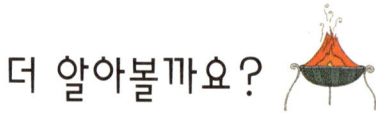

소크라테스

소크라테스는 실제로 존재했던 사람이랍니다. 그는 지금으로부터 2,500년 전, 그러니까 기원전 469년 쯤에 태어났어요. 아버지는 조각가였고, 어머니는 산파였답니다. 그는 아테네의 용감한 병사이기도 했어요. 생각하는 것을 아주 좋아했지요. 온갖 위험 속에서도 몇날 며칠을 꼼짝 않고서 생각만 할 때도 있었답니다. 성질이 아주아주 고약한 크산티페와 결혼을 했고, 세 아들을 두었어요.

불행히도 소크라테스가 활동했던 시대에는 그가 가르치는 방식을 못마땅해 하는 사람들이 많았어요. 결국 그는 자신을 싫어했던 사람들 때문에 재판정에 서게 되어 사형판결을 받았어요. 소크라테스는 살 수 있는 방법이 있었지만, 그가 사랑했던 도시를 뒤로 하고 죽음을 선택했답니다.

플라톤

플라톤은 소크라테스의 제자들 중에서 제일 똑똑하고 유명한 사람이에요. 플라톤은 소크라테스가 감옥에서 죽은 뒤로 그의 가르침들을 기록했어요. 소크라테스는 수업하느라 매우 바빠서 가르침을 책으로 남기지 못했지요. 플라톤 덕분에 우리는 이 책에 있는 이야기뿐만 아니라 소크라테스가 많은 사람들과 나누었던 대화 내용, 논쟁, 그의 생각을 알 수 있지요.

철학자

철학자란 무엇을 하는 사람이죠? 이 질문에 대해서는 여러 가지 대답이 있답니다. 그리스 시대나 오늘날의 현인들 역시 이 질문에 대해 명확한 답을 찾지는 못했어요.

철학자란 앎의 친구라는 뜻이랍니다. 또한 다음과 같은 아주 어려운 질문에 대한 답을 찾는 사람을 말하지요.

'무엇이 진실이고 무엇이 거짓인가?'

'이것은 어떻게 존재하는가?'

'죽은 후에는 어떻게 되는가?'

그리스 초기의 철학자들은 아주 영리했어요. 그들은 우리 주위에서 흔히 접할 수 있는 자연현상을 연구하는 데 푹 빠져 있었답니다. 플라톤이 살았던 시대에서 수천 년이 지난 오늘날에도 소크라테스가 했던 질문들은 정답을 찾지 못한 채 남아 있답니다.

다이몬

이 이야기에 자주 등장하는 내면의 목소리를 그리스 사람들은 다이몬이라 불렀어요. 다이몬은 수호천사의 일종으로서, 때로는 충고를 해주기 위해, 때로는 문제의 해결을 위해 나타났답니다. 오늘날에와서는 영혼, 양심, 직관력이라고 부르기도 하지요.

소크라테스와 플라톤에 의하면 이것은 모든 사람의 내면에 있다고 합니다.

아폴론

델로스 섬에서 제우스와 레토 사이에서 태어났고 아르테미스라는 쌍둥이 자매가 있지요. 생김새는 늘 젊고, 수염이 없어요. 활과 화살들, 리라(하프의 일종)를 갖고 다닌답니다. 머리카락은 구불구불하며 월계관을 쓰고 있어요.

빛을 주는 신, 음악의 신, 시의 신으로 태양의 수레를 몰고 갈 때면 그를 페부스 또는 포이보스라고 부르며, 땅과 저승에서는 그를 아폴론이라고 부르지요. 그리스인들은 태양이 동쪽에서 뜨고 서쪽에서 지는 것을 설명하기 위해 태양의 신인 헬리오스 신을 상상해 냈어요. 아침마다 헬리오스는 동쪽 끝에서 시작해서 서쪽으로 백옥같이 희고 눈부신 날개가 달린 멋진 네 마리의 말이 끄는 불의 수레를 몰고 하늘을 날아다녔지요. 그러다 하늘의 정점에 도달하면 자신의 황금 궁전에서 휴식을 취하기도 했답니다. 그리스인들과 로마인들은 그를 페부스 또는 아폴론이라고 불렀어요.

신탁

고대 그리스 사람들은, 신들은 미래를 알고 있고 인간들은 미래를 모른다고 생각했어요. 그리고 신들은 자신들의 의지를 특별하고 신성한 존재들을 통해서 말하고 설명해 준다고 생각했지요. 그것이 바로 신탁이랍니다. 이 때문에 그리스 사람들은 중요한 결정을 내려야 할 때면 신탁의 목소리를 들으려고 신전에 가서 신의 뜻을 확인하려 했어요.